여행의 즐거움을 더하는
## 베이커리 인 더 시티
BAKERY IN THE CITY

여 행 의  즐 거 움 을  더 하 는
# 베이커리 인 더 시티

저자 · 파티시에_Magazine
발행인 · 장상원
편집인 · 이명원

초판 1쇄 · 2018년 7월 10일
발행처 · (주)비앤씨월드 출판등록 1994.1.21 제 16-818호
　　　　주소 서울특별시 강남구 선릉로 132길 3-6 서원빌딩 3층
　　　　전화 (02)547-5233 팩스 (02)549-5235
디자인 · 김나윤　　표지디자인 · 박갑경　　일러스트 · 지다은

ISBN · 979-11-86519-19-6　13980

text©bncworld 2018 printed in Korea
이 책은 신 저작권법에 의해 한국에서 보호받는 저작물이므로
저자와 (주)비앤씨월드의 동의 없이 무단전재와
무단복제를 할 수 없습니다.
www.bncworld.co.kr

이 도서의 국립중앙도서관 출판예정도서목록(CIP)은
서지정보유통지원시스템 홈페이지(http://seoji.nl.go.kr)와
국가자료공동목록시스템(http://www.nl.go.kr/kolisnet)에서
이용하실 수 있습니다. (CIP제어번호 : CIP2018019165)

여행의 즐거움을 더하는

# 베이커리
# 인 더 시티

## BAKERY IN THE CITY

도쿄·오사카·교토·후쿠오카·파리·뉴욕
TOKYO·OSAKA·KYOTO·FUKUOKA·PARIS·NEW YORK

BnCworld

# CONTENTS

## TOKYO 도쿄

9   피에르 마르콜리니 PIERRE MARCOLINI
10  르 팽 드 조엘 로부숑 LE PAIN de Joël Robuchon
12  베이커리 & 레스토랑 사와무라 SAWAMURA
14  도라야 카페 앙 스탠드 TORAYA CAFÉ AN STAND
15  버터 버틀러 Butter Butler
16  다루이 베이커리 TARUI BAKERY
18  르뱅 Levain
19  365일 & 15도씨 365日 & 15℃
20  뮈제 뒤 쇼콜라 테오브로마 THÉOBROMA
22  르 르소르 Le Ressort
23  불랑주 BOUL'ANGE
26  비론 VIRON
30  에쉬레 메종 드 뵈르 ÉCHIRÉ
31  상트르 더 베이커리 CENTRE THE BAKERY
32  긴자 메종 앙리 샤르팡티에 HENRI CHARPENTIER
34  긴자 기무라야 Ginza Kimuraya
35  불랑주리 레크랭 BOULANGERIE L'écrin
36  구야 Kuuya
37  오리미네 베이커스 ORIMINE BAKERS
39  필립 콩티치니 PHILIPPE CONTICINI
40  파티스리 파블로프 PÂTISSERIE Pavlov
41  비엔누아즈리 장 프랑수아 JEAN FRANÇOIS
44  엉 그랭 UN GRAIN
46  팽 오 수리르 Pain au sourire
47  도미니크 앙셀 베이커리 DOMINIQUE ANSEL BAKERY
49  콜롬뱅 하라주쿠본점 살롱 Colombin
50  키슈 요로이즈카 Quiche Yoroizuka
52  넘버 슈거 NUMBER SUGAR
53  고마야 쿠키 GOMAYA KUKI
56  단델리온 초콜릿 DANDELION CHOCOLATE
58  시노노메 Shinonome
59  펠리칸 카페 Pelican CAFÉ
62  파티스리 아사코 이와야나기 ASAKO IWAYANAGI
64  아 테 수웨 à tes souhaits!
66  크리올로 CRIOLLO
67  R 베이커 R Baker

## OSAKA 오사카

70  불랑제 에스카가와 Boulanger S.KAGAWA
72  루트 271 ROUTE 271
73  라비 를리에 Ravi,e relier
74  르 쉬크레 쾨르 LE SUCRÉ-COEUR
78  라 푸르네 La Fournée
79  팽듀스 PAINDUCE
80  R 베이커 R Baker
81  애시드라신 ACIDRACINES
84  카늘레 뒤 자퐁 CANELÉ du JAPON
85  르셰르셰 Rechercher
86  사키모토 베이커리 Sakimoto Bakery
90  파티스리 아쾨유 Patisserie Accueil
91  르브레소 LeBRESSO

| KYOTO 교토 |
| --- |

- 94  하나카고 HANAKAGO
- 95  플립 업 Flip Up
- 96  그랑 드 바니유 grains de vanille
- 98  르 프티 멕 Le Petit Mec
- 102  기온 사카이 Gion Sakai
- 104  신신도 Shinshindo
- 108  아상블라주 가키모토 ASSEMBLAGES KAKIMOTO

| FUKUOKA 후쿠오카 |
| --- |

- 112  로지우라 베이커리 ROJIURA BAKERY
- 114  무츠카도 mutsukado
- 116  베이커리 가나쓰구 Bakery Kanatsugu
- 117  더 루츠 - 네이버후드 베이커리 THE ROOTS
- 118  자크 Jacques
- 122  브레드 정션 BREAD JUNCTION
- 123  불랑제 카이티 Boulanger Kaiti
- 124  팽 스톡 Pain Stock

| PARIS 파리 |
| --- |

- 132  르 뫼리스 x 세느틱 그로테 Cédric Grolet
- 134  카페 푸시킨 Café Pouchkine
- 135  라 므랭게 LA MERINGAIE
- 136  케이엘 파티스리 KL Pâtisserie
- 138  질 마샬 GILLES MARCHAL
- 142  블레 쉬크레 Blé Sucré
- 143  윈 글라스 아 파리 Une Glace à Paris
- 144  불랑주리 유토피 Boulangerie Utopie
- 146  르 물랭 드 라 비에르주 LE MOULIN DE LA VIERGE
- 147  스토레 STOHRER
- 150  푸드 파티스리 Fou de Pâtisserie
- 152  뒤 팽 에 데 지데 Du Pain et des Idées
- 153  팽 드 미 카레 Pain de Mie Carré
- 154  얀 쿠브뢰르 YANN COUVREUR
- 160  데 가토 에 뒤 팽 Des Gâteaux et du Pain
- 162  카라멜 Karamel
- 163  로랑 뒤셴 Laurent Duchêne
- 164  보리수 BORISSOU

| NEW YORK 뉴욕 |
| --- |

- 168  오르워셔 Orwashers
- 170  플라자 호텔 Plaza Hotel
- 172  부숑 베이커리 BOUCHON BAKERY
- 173  턴스타일 언더그라운드 마켓 UNDERGROUND MARKET
- 174  에이미 브레드 Amy's Bread
- 175  주니어스 치즈케이크 Junior's Cheese Cake
- 177  라 타바티에르 LA TABATIERE
- 180  첼시 마켓 CHELSEA MARKET
- 184  하브스 HARBS
- 185  브레드 베이커리 BREADS BAKERY
- 186  베니에로 Veniero
- 187  슈퍼문 베이크하우스 Supermoon Bakehouse
- 188  스틱 위드 미 스위츠 Stick With Me Sweets
- 189  도미니크 앙셀 베이커리 Dominique Ansel Bakery
- 190  매그놀리아 베이커리 MAGNOLIA BAKERY

# TOKYO

# Shinjuku / Shibuya 신주쿠/시부야

TOKYO

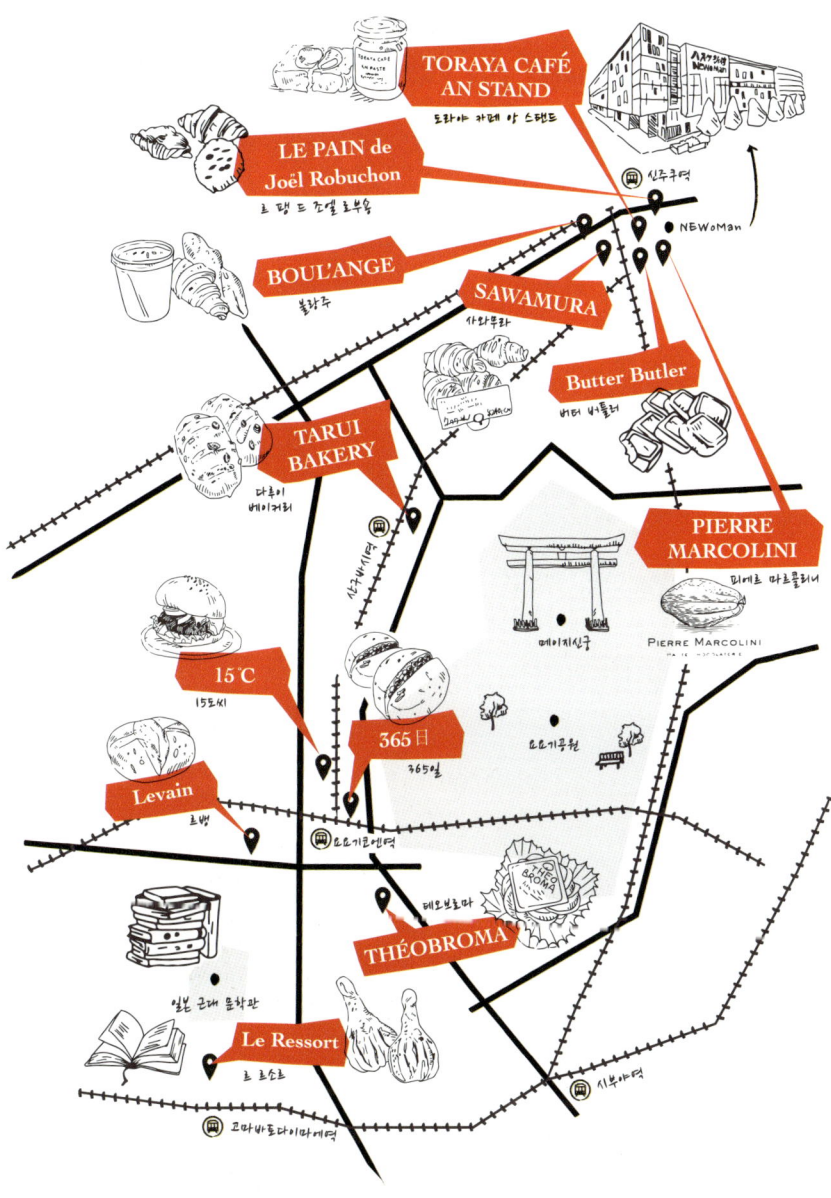

2016년 4월 신주쿠역 신미나미 출구에 오픈한 상업시설 '뉴우먼(NEWoMan)'. 해외에서 처음으로 일본에 진출한 숍들은 물론 일본의 식품업체들이 론칭한 스위츠 브랜드와 현대적인 화과자점 등 개성 넘치는 디저트 숍과 불랑주리를 한 자리에서 만나볼 수 있다.

## 세계적 쇼콜라트리를 가까이서
## 피에르 마르콜리니 PIERRE MARCOLINI

**Address** 東京都渋谷区千駄ヶ谷5-24-55 NEWoMan 2F エキソト
(도쿄도 시부야구 센다가야5-24-55 뉴우먼 2층 에키소토)
**Direction** JR선/신주쿠선/오에도선 신주쿠역 신남쪽 출구에서 231m
**Contact** +81-3-6274-8506
**Opening Hours** 월~금 10:00~22:00, 토·일·공휴일 10:00~21:30

신주쿠 뉴우먼 에키소토 2층에 위치한 쇼콜라트리 '피에르 마르콜리니'. 특이하게도 오다가다 편하게 이용할 수 있도록 테이크아웃용 카운터가 별도로 설치돼 있는 것이 특징이다. 이 카운터를 통해 초콜릿 음료와 초콜릿 아이스크림을 주문할 수 있고 매장에서는 초콜릿 봉봉, 토세, 테블릿 초콜릿, 생초콜릿 등 초콜릿 제품을 비롯해 마카롱, 구움과자, 잼 등을 판매한다. 피에르 마르콜리니 신주쿠점에서만 한정 판매하는 제품도 있으니 놓치지 말자. 한편, 피에르 마르콜리니는 신주쿠점 외에 긴자 본점, JR 도쿄역점, 시부야점 등 도쿄에 총 5곳의 매장을 운영하고 있다.

TOKYO

### 신주쿠 최고 인기 베이커리
## 르 팽 드 조엘 로부숑 LE PAIN de Joël Robuchon

**Address** 東京都新宿区新宿4-1-6 NEWoMan 1F [도쿄도 신주쿠구 신주쿠 4-1-6 뉴우먼 1층]
**Direction** JR선/신주쿠선/오에도선 신주쿠역 신남쪽 출구에서 231m
**Contact** +81-3-5361-6950
**Opening Hours** 8:00~21:30

뉴우먼 1층에 오픈한 '르 팽 드 조엘 로부숑'은 프랑스 유명 셰프 조엘 로부숑이 직접 감수한 것으로 화제를 모은 신주쿠에서 가장 핫한 베이커리 중 하나다. 이곳은 매일 아침 갓 구운 빵을 제공하는 것을 콘셉트로 하드계열 및 소프트계열 빵, 조리빵, 선물용 구움과자 등 다양한 품목을 갖추고 있다. 이중 크루아상, 브리오슈, 크로켓의 판매율이 가장 높다고. 특히 현지에 맞게 변형된 조리빵 제품을 다채롭게 준비

한 점이 인상적이다. 베이커리 판매 공간 외에도 카페 공간인 '르 카페 드 조엘 로부숑'이 맞은편에 위치해 있어 구매한 빵을 바로 그 자리에서 즐길 수 있다. 르 팽 드 조엘 로부숑은 시부야 히카리에 신큐스에도 입접해 있으며 마루노우치 브릭스퀘어에 자리한 '라 부티크 드 조엘 로부숑'에서는 디저트 제품도 만나볼 수 있다.

# 도쿄의 떠오르는 신흥 강자
## 베이커리 & 레스토랑 사와무라 SAWAMURA

**Address** 東京都渋谷区千駄ヶ谷 5-24-55 NEWoMan 2F エキソトフードホール
(도쿄도 시부야구 센다가야 5-24-55 뉴우먼 2층 에키소토 푸드 홀)
**Direction** JR선/신주쿠선/오에도선 신주쿠역 신남쪽 출구에서 231m
**Contact** +81-3-5362-7735
**Opening Hours** 7:00~22:00

나가노현 가루이자와 지역의 유명 베이커리 '사와무라'가 신주쿠 뉴우먼에 상륙했다. 사와무라는 20여 가지의 국내외 밀가루를 빵의 특성에 따라 구분해 사용하고, 직접 키운 4종의 천연발효종, 칸호아 소금, 아마미 제도산(産) 원당 등 원재료를 까다롭게 엄선하는 것은 물론 물, 작업장, 반죽의 온도와 습도까지 세심하게 관리하기로 유명하다. 뉴우먼에 입성한 사와무라 신주쿠점에서는 하드계열 빵, 비엔누아즈리, 단과자빵 60여 가지와 함께 식사 대용 샌드위치, 케이크, 시즌 한정 메뉴 등을 선보이고 있으며 그중 크루아상의 인기가 가장 높다. 뿐만 아니라 고객이 이

TOKYO | OSAKA | KYOTO | FUKUOKA

동하면서 간편하게 먹을 수 있도록 하드계열 빵의 경우 사이즈를 작게 만들고 쿼터, 하프, 홀 사이즈로 다양하게 준비해 눈길을 끈다. 이트인 공간이 있어 커피 음료와 빵을 함께 먹을 수 있으며 맞은편 레스토랑 공간에서는 캐주얼한 유럽풍 타파스 메뉴를 즐길 수 있다.

| TOKYO | 일본풍 선물과 간식을 원한다면 |

# 도라야 카페 앙 스탠드 TORAYA CAFÉ AN STAND

**Address** 東京都渋谷区千駄ヶ谷5-24-55 NEWoMan 2F エキソト (도쿄도시부야구센다가야 5-24-55 뉴우먼 2층 에키소토)
**Direction** JR선/신주쿠선/오에도선 신주쿠역 신남쪽 출구에서 231m
**Contact** +81-3-6273-1073
**Opening Hours** 월~금 10:00~22:00, 토·일·공휴일 10:00~21:30

500년 전통의 교토 화과자점 도라야가 만든 도라야 카페. 현재 기타아오야마점, 신주쿠점, 아오야마점 3개의 매장을 두고 있는 '도라야 카페 앙 스탠드'는 도라야의 팥을 사용해 만든 과자류를 판매한다. 화과자점이 오픈한 카페답지 않은 트렌디한 인테리어와 메뉴 덕분에 일본의 젊은 층과 해외 관광객들에게 유독 소문난 곳이다. 대표적인 제품은 팥 페이스트. 부드러운 크림 타입의 '코시앙'이 인기가 많으며 계절 한정 제품도 주기적으로 출시된다. 선물용으로도 좋지만, 숙소에서 간단하게 아침을 때우고 싶을 때 우유나 요거트에 섞어 먹으면 별미다. 이와 함께 팥 페이스트를 샌드한 '앙 코페'는 간식으로 제격이다. 도라야 카페는 앙 페이스트를 제외하고 매장별로 조금씩 다른 메뉴를 제공하는데, 팥 페이스트를 올린 토스트는 신주쿠점에서, 스콘 혹은 빵에 팥 페이스트를 곁들여 수프나 샐러드와 즐길 수 있는 아침 식사 메뉴는 아오야마점에서만 만나볼 수 있다. 참고로 신주쿠점은 좌석이 적고 카페 메뉴도 한정적이라 선물용 제품을 구입하거나 간식을 먹으며 잠깐 숨을 돌리기에 적합하다.

## 도쿄에서만 만나볼 수 있는
# 버터 버틀러 Butter Butler

**Address** 東京都渋谷区千駄ヶ谷5-24-55 NEWoMan 2F エキナカ
(도쿄도 시부야구 센다가야 5-24-55 뉴우먼 2층 에키나카)
**Direction** JR선/신주쿠선/오에도선 신주쿠역에서 215m
**Contact** +81-3-6380-1082
**Opening Hours** 월~금 8:00~22:00, 토·일·공휴일 8:00~21:30

'도쿄 밀크 치즈 팩토리', '더 메이플 매니아' 등의 스위츠 브랜드를 운영 중인 ㈜슈크레이의 프리미엄 버터 스위츠 전문점 '버터 버틀러(Butter Butler)'. 이곳에서는 엄선한 스위스산(産) 버터, 프랑스 게랑드 소금 등을 넣어 만든 구움과자류를 선보이고 있다. 베스트 메뉴는 '버터 피낭시에'와 '버터 갈레트'. 특히 버터 피낭시에는 '제1회 JR 동일본 기념품 그랑프리'에서 종합 그랑프리를 획득한 제품으로, 겉은 바삭하고 속은 메이플 시럽으로 촉촉함을 더해 남녀노소 모두에게 반응이 좋다. 고소하면서도 진한 버터의 풍미를 담은 버터 갈레트도 사이즈가 아담해 간식으로 즐기기에 안성맞춤이다. 버터 버틀러를 상징하는 집사(butler)가 그려진 패키지는 고급스럽고 유니크한 디자인으로 인기를 모아 선물용 제품을 구입하려는 사람에게 강력 추천한다. 버터 버틀러는 유일하게 도쿄 신주쿠 뉴우먼에 매장을 운영하고 있으니 이 근처를 여행 중이라면 놓치지 말자. 단 JR 신주쿠역 안에 위치해 매장 이용 시 JR 입장권이 필요하다.

# 친근한 동네빵집에서 휴식을
## 다루이 베이커리 TARUI BAKERY

**Address** 東京都渋谷区代々木4-5-13 (도쿄도 시부야구 요요기 4-5-13)
**Direction** 오다큐선 산구바시역에서 100m
**Contact** +81-3-6276-7610
**Opening Hours** 9:00~19:00, 월휴무

오다큐선을 타고 산구바시역에 내리면 100미터 가량 떨어진 골목에 '다루이 베이커리'가 있다. 요요기공원 근처에 있는 데다 최근 신주쿠에서 요요기공원을 지나 시부야까지 걸으며 구경하는 코스가 여행객들에게 인기를 얻고 있으니, 신주쿠역에서 20~25분 천천히 걸어가는 것도 좋다. 아쉽게도 매장 규모가 작고 테이블이 없어 테이크아웃만 가능하지만 일본 분위기 물씬 나는 동네빵집의 매력을 느끼고 싶다면 충분히 가볼 만하다. 15~20종의

| TOKYO | OSAKA | KYOTO | FUKUOKA |

빵 중 추천하는 제품은 하드계열 빵, 그중에서도 르방으로 만든 '레이즌 커런트 월넛'이다. 그외에 식빵 판매율도 높고 일본 베이커리에서 흔히 볼 수 있는 '코페 빵'도 있다. 뿐만 아니라 매장에서는 다루이 베이커리를 이미지화한 배지, 에코백 등의 소품도 판매한다. 한 가지 독특한 점은 매장이 바로 옆집인 레스토랑 라이프 선(Life Son)과 내부로 연결돼 있다는 것이다. 서로 다른 가게이지만 컬래버레이션 이벤트를 열기도 하고 다루이 베이커리에서 구입한 빵을 라이프 선 레스토랑과 바깥 테라스에서 이용할 수도 있다. 한적한 동네에 있다 보니 가족 단위의 손님들이 유독 많은데, 이로 인해 연휴 혹은 날씨가 좋은 주말에는 레스토랑과 테라스 공간이 만석이 될 가능성이 높다. 만약 운 좋게도 좌석이 남아 있다면 꼭 테라스를 이용해볼 것.

| TOKYO | 내공이 느껴지는 빵<br>**르뱅** Levain |
|---|---|

**Address** 東京都渋谷区富ケ谷2-43-13(도쿄도 시부야구 도미가야 2-43-13)
**Direction** 오다큐선요요기하치만역에서 400m
**Contact** +81-3-3468-9669
**Opening Hours** 화~토 8:00~19:30, 일·공휴일 8:00~18:00, 월·매월둘째주 하 휴무

일본 제빵업계에서 천연발효종 빵집의 선구자로 통하는 '르뱅'. 1984년, 일본 베이커리에 하드계열 빵이 드물던 시절부터 천연발효종으로 만든 하드계열 빵을 판매해왔기 때문에 국내외에서 요요기공원 주변의 맛있는 빵집으로 통하고 있다. 특히 일반인 관광객들보다 업계에 종사하는 제빵사들에게 더 알려진 실력 있는 빵집이다. 제품은 20여 가지로 카운터 쪽 판매 공간 뒤편에는 이트인 공간도 있어 수프 같은 간단한 식사 메뉴를 빵과 함께 즐길 수 있다. 그러나, 만약 달달하거나 부드러운 식감의 소프트계열 빵을 선호하는 사람이라면 르뱅이 그리 만족스럽진 않을 것이다. 크루아상, 파이 등의 페이스트리류가 몇 가지 있긴 하지만 하드계열 빵이 주를 이루고, 발효종의 시큼한 풍미가 제법 짙은 편이라 평소 캉파뉴, 통밀빵 등을 즐겨 먹는 사람들에게 천국인 곳이다.

## 신개념 식사 문화를 제안한다
# 365일 & 15도씨 365日 & 15℃

**Address** 365日 東京都渋谷区富ヶ谷1-6-12(도쿄도 시부야구 도미가야 1-6-12)
　　　　　15℃ 東京都渋谷区富ヶ谷1-2-8(도쿄도 시부야구 도미가야 1-2-8)
**Direction** 365日 지요다선요요기코엔역에서 50m, 15℃ 오다큐선요요기하치만역에서 25m
**Contact** 365日 +81-3-6804-7357, 15℃ +81-3-6407-0942
**Opening Hours** 365日 7:00~19:00, 15℃ 7:00~23:00

2012년 오픈과 동시에 인기몰이를 한 '365일(365日)'은 6년이 지난 지금 일본인과 관광객 모두에게 맛집으로 유명세를 얻고 있다. 초콜릿 볼이 그득하게 들어간 '크로캉 쇼콜라'는 이미 365일의 시그니처메뉴가 된 지 오래다. 하지만 365일의 본래 콘셉트는 일상에서 식사로 즐기는 빵 문화를 제안하는 것인 만큼 가급적 식사 대용 빵들을 먹어보길 추천하고 싶다. 매장에는 빵은 물론, 커피, 차, 맥주 등의 음료, 도구나 그릇, 각종 식재료, 음식 관련 서적까지 구비돼 있어 구경하는 재미도 쏠쏠하다. 다만 셀렉트 숍의 형태를 띠기 때문에 여유롭게 식사를 즐기고자 한다면 365일이 옆 골목에 오픈한 세컨드 카페 '15℃'가 제격이다. 20석의 넉넉한 테이블과 레스토랑 키친을 갖춘 15℃는 아침부터 밤늦게까지 다양한 빵과 식사를 제공하는 델리형 베이커리. 특히 조식이 맛있기로 유명하고 저녁이 되면 캉파뉴, 식빵 등의 빵과 푸아그라 테린, 각종 채소 요리 등에 사케, 맥주, 와인 등의 술을 곁들일 수 있다.

| TOKYO | 초콜릿의 A to Z를 경험하라<br>**뮈제 뒤 쇼콜라 테오브로마** THÉOBROMA |

**Address** 東京都渋谷区富ヶ谷1-14-9(도쿄도 시부야구 도미가야 1-14-9)
**Direction** 지요다선 요요기코엔역에서 327m
**Contact** +81-3-5790-2181
**Opening Hours** 9:30~20:00

초콜릿의 기본부터 제대로 경험하고 싶은 사람들에게 추천하고 싶은 쇼콜라트리가 있다. 바로 일본 초콜릿 전문점의 선구자 쓰치야 고지 셰프가 운영하는 쇼콜라트리 '뮈제 뒤 쇼콜라 테오브로마(이하 테오브로마)'. 전 세계적으로 명성이 높은 쓰치야 셰프는 프랑스의 유명 파티스리 및 쇼콜라트리, 미쓰보시 레스토랑 등에서 경력을 쌓고 귀국 후 1999년에 테오브로마를 오픈했다. 대표제품인 초콜릿 케이크 '샌와킨 도스'를 비롯해 포레누아, 슈크림, 푸딩과 같은 생과자 등 대부분 초콜릿을 사용한 제품들이 주를 이룬다. 초콜릿 봉봉 역시 다채로운 종류로 준비돼 있는데 세트는 물론 개별로도 구입이 가능하다.

뿐만 아니라 매장 근처 요요기 공원의 조약돌을 본떠 만든 '지야리', 시부야의 충견으로 유명한 하치를 묘사해 만든 초콜릿 쿠키 '오쿠시부(奧渋) 초콜릿 하치', 알맹이가 큰 이탈리아산(産) 밤에 초콜릿을 입힌 '마롱 쇼콜라' 등 개성 있는 초콜릿 과자도 있고, 카페 공간에서는 '핫 초콜릿 드링크'와 카카오 빈 껍질로 내린 '카카오 티'를 함께 즐길 수 있다. 히가미 구미코 작가의 동물 일러스트가 그려진 태블릿 초콜릿 시리즈와 캔에 담긴 캐비어 쇼콜라, 캐러멜 어소트는 선물용으로 사랑받고 있다. 쓰치야 셰프는 최근 이상적인 카카오를 찾아 한 해에 수개국의 카카오 농장을 방문하고 있다고 한다. 테오브로마 근처에는 2015년에 오픈한 빈투바 초콜릿 전문점 '카카오 스토어'가 있으니 쇼콜라티에라면 놓치지 마시길.

# TOKYO

## 소박한 동네의 숨은 맛집
## 르 르소르 Le Ressort

**Address** 東京都目黒区駒場3-11-14 明和ビル 1F (도쿄도 메구로구 고마바 3-11-14 메이와빌딩 1층)
**Direction** 게이오선 고마바토다이마에역에서 240m
**Contact** +81-3-3467-1172
**Opening Hours** 화~금 9:00~19:00, 토~일 9:00~18:00, 월휴무

'르 르소르'는 관광객들에게 거의 알려지지 않은 빵집이다. 그도 그럴 것이 르 르소르가 위치한 고마바토다이마에역 주변은 온통 주택가인 데다 관광객들은 한 정거장 떨어진 시부야역에 몰려 유동인구도 적기 때문이다. 하지만 만약 신주쿠, 요요기공원, 시부야로 이어지는 도보 관광을 계획한다면 르 르소르를 시부야 가기 전 마지막 빵집으로 넣어보자. 주민들이 식사 빵을 구입해가는 빵집인 만큼 매장에는 테이블이 따로 없다. 인기제품 역시 일본인의 대표적인 아침 식사 빵인 크루아상이라고. 대신 부근에 고마바 공원이 있는데 꽤 넓고 분위기가 고즈넉해 빵과 커피를 먹으면서 한숨 돌리기 좋은 장소다. 또는 도보로 5분 거리인 일본근대문학관을 먼저 구경한 후 이동하기 전에 잠시 들러 빵을 구매해도 좋겠다. 크루아상 외에 하드계열 빵, 구움과자, 파이 등도 퀄리티가 훌륭해 어떤 빵을 선택해도 후회는 없을 것이다.

### 세련된 공간에서 즐기는 아침 식사
# 불랑주 BOUL'ANGE

**Address** 東京都渋谷区代々木2-2-1新宿サザンテラス内 (도쿄도 시부야구 요요기 2-2-1 신주쿠 사우전테라스)
**Direction** JR선/신주쿠선/오에도선 신주쿠역 남쪽 출구에서 185m
**Contact** +81-3-5302-2282
**Opening Hours** 7:30~22:00

패션, 가구, 요식업 등 다양한 사업을 전개하는 베이크루즈 (BAYCREW'S) 그룹에서 운영하는 베이커리 '불랑주'. 전 세계 각지에서 엄선한 밀가루와 제철 재료를 바탕으로 한 정통 프랑스 빵을 콘셉트로 하고 있다. 수량 한정 식빵을 비롯해 비엔누아즈리, 매시간 변경되는 타르틴, 브런치 메뉴 등 다채로운 라인업은 이곳의 자랑거리. 그중 두꺼운 층과 바삭바삭한 식감이 돋보이는 '크루아상'은 불랑주 최고의 인기메뉴다. 오픈 시간이 오전 7시 30분으로 빠르고 2층에 넉넉한 좌석이 마련돼 있어 여유로운 아침 식사, 혹은 브런치 타임을 갖기에 안성맞춤이다. 불랑주는 신주쿠 외에 시부야, 니혼바시, 지유가오카, 이케부쿠로 등 도쿄에 총 5곳의 매장이 있다.

TOKYO

# Ginza 긴자

## 소문 그 이상의 바게트
# 비론 VIRON

**Address** 東京都千代田区丸の内2-7-3東京ビルTOKIA 1F (도쿄도 지요다구 마루노우치 2-7-3 도쿄빌딩 토키아 1층)
**Direction** 마루노우치선 도쿄역에서 330m
**Contact** +81-3-5220-7289
**Opening Hours** 10:00~21:00

프랑스 밀가루 제조업체 비론사(社)의 불랑주리 '비론'. 일본 현지에서도 손꼽히는 빵집인 비론은 도쿄 긴자와 시부야 2곳에 매장이 있다. 그중 비론 긴자점은 1층 규모로 빵을 판매하는 불랑주리와 브런치, 디저트, 음료 등을 즐길 수 있는 카페 공간이 나뉘어져 있다. 테이크아웃도 물론 좋지만, 비론의 빵을 제대로 음미하려면 구입 즉시 카페에서 커피와 함께 먹어볼 것을 추천한다. 대표적인 메뉴는 단연 비론사(社)

TOKYO | OSAKA | KYOTO | FUKUOKA

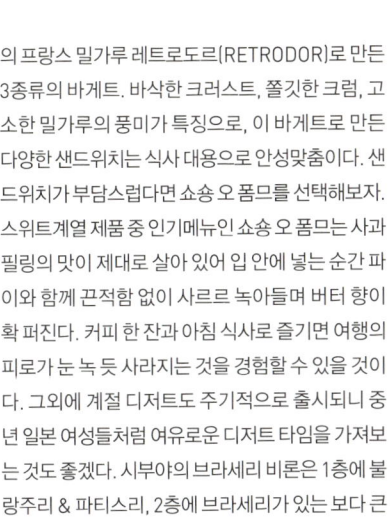

의 프랑스 밀가루 레트로도르(RETRODOR)로 만든 3종류의 바게트. 바삭한 크러스트, 쫄깃한 크럼, 고소한 밀가루의 풍미가 특징으로, 이 바게트로 만든 다양한 샌드위치는 식사 대용으로 안성맞춤이다. 샌드위치가 부담스럽다면 쇼숑 오 폼므를 선택해보자. 스위트계열 제품 중 인기메뉴인 쇼숑 오 폼므는 사과 필링의 맛이 제대로 살아 있어 입 안에 넣는 순간 파이와 함께 끈적함 없이 사르르 녹아들며 버터 향이 확 퍼진다. 커피 한 잔과 아침 식사로 즐기면 여행의 피로가 눈 녹 듯 사라지는 것을 경험할 수 있을 것이다. 그외에 계절 디저트도 주기적으로 출시되니 중년 일본 여성들처럼 여유로운 디저트 타임을 가져보는 것도 좋겠다. 시부야의 브라세리 비론은 1층에 불랑주리 & 파티스리, 2층에 브라세리가 있는 보다 큰 규모다. 이곳에서는 바게트를 비롯한 4가지의 빵과 6가지의 잼이 세트로 구성된 식사 메뉴가 제공된다.

TOKYO

## 프랑스 명품 버터 체험 베이커리
# 에쉬레 메종 드 뵈르 ÉCHIRÉ

**Address** 東京都千代田区丸の内2-6-1丸の内ブリックスクエア 1F
(도쿄도 지요다구 마루노우치 2-6-1 마루노우치 브릭스퀘어 1층)
**Direction** 지요다선 니주바시마에역 1번 출구에서 194m
**Contact** +81-3-6269-9840
**Opening Hours** 10:00~20:00

2009년 세계 최초로 도쿄에 문을 연 버터 전문점 '에쉬레 메종 드 뵈르(이하 에쉬레)'. 프랑스 명품 버터 에쉬레의 무염 및 가염 전 제품은 물론 에쉬레 버터를 100% 사용하여 만든 비엔누아즈리, 구움과자, 캐러멜, 기모브, 아이스크림 등을 만나볼 수 있다. 특히 에쉬레 버터와 엄선한 아몬드파우더로 만든 '피낭시에 에쉬레'는 에쉬레 버터의 풍미를 제대로 느낄 수 있는 메뉴. 구움과자 제품을 5개입, 10개입, 15개입씩 상자 혹은 바구니에 포장할 수 있고 틴 케이스에 담긴 사블레와 갈레트 세트도 준비돼 있어 선물용 아이템을 구매하기에도 좋다. 또한 에쉬레 로고가 새겨진 에코백, 보냉백, 아기자기한 소품들을 함께 판매해 기념품 쇼핑에도 안성맞춤. 오후에 가면 제품이 많이 소진되기 때문에 오전 중에 갈 것을 추천한다. 한 가지 아쉬운 점이 있다면 테이크아웃 전문점이어서 이트인 공간이 없다는 것. 하지만 매장을 나와 옆 건물로 들어가면 1층에 작은 공원이 있으므로 제품을 구매하여 이곳에서 먹는 것도 좋은 방법이다.

## 타베로그 긴자 지역 제과점 부동의 1위
# 상트르 더 베이커리 CENTRE THE BAKERY

**Address** 東京都中央区銀座1-2-1(도쿄도 주오구 긴자 1-2-1)
**Direction** 유라쿠초선 긴자잇초메역에서 146m
**Contact** +81-3-3562-1016
**Opening Hours** 10:00~19:00

최근 일본에서는 식빵이 인기다. 곳곳에 식빵 전문점이 문을 열고 있는데, 그중 비론이 오픈한 식빵 전문점 '상트르 더 베이커리'의 인기가 유독 뜨겁다. 입소문을 듣고 온 손님들이 너무 많아 일본인들도 날을 잡고 방문한다고. 식빵은 홋카이도산(産) '유메치카라'를 사용한 '각식빵', 미국과 캐나다산(産) 밀가루를 사용한 '풀먼', 북미산(産) 밀가루를 사용한 '영국빵' 3가지를 판매하며 한 사람당 하루 3개까지 구입할 수 있다. 갓 구워져 나온 식빵을 바로 포장해 제공하기 때문에 구입 시간이 정해져 있는데, 그 전까지 선착순으로 순번과 구매 수량이 적힌 번호표를 제공한다. 평일에는 보통 30분~1시간 전의 대기 시간이 소유되니 여유를 갖고 방문하는 것이 좋다. 줄을 서는 동안 통유리를 통해 주방에서 제빵사들이 빵을 반죽하는 모습을 적나라하게 볼 수 있어 지루하진 않을 것이다. 매장에는 토스트기가 브랜드별로 마련돼 카페를 이용할 경우 원하는 토스트기를 사용해 식빵을 구워 먹을 수 있다. 단, 카페는 예약하지 않으면 자리가 없을 가능성이 높다. 휴무일은 따로 없지만 월요일에는 카페를 이용할 수 없고 식빵만 구입 가능하니 참고하자.

TOKYO | 역사가 입증하는 맛
# 긴자 메종 앙리 샤르팡티에 HENRI CHARPENTIER

**Address** 東京都中央区銀座2-8-20 크네이빌 1F(도쿄도 주오구 긴자2-8-20 요네이빌딩 1층)
**Direction** 유라쿠초선 긴자잇초메역에서 133m
**Contact** +81-3-3562-2721
**Opening Hours** 11:00~20:00, 부정기휴무

'앙리 샤르팡티에'는 1969년 효고현 아시야에 디저트를 먹을 수 있는 찻집으로 처음 오픈한 브랜드다. 긴자점에 문을 연 것은 2003년. 그후 2005년 4월 카페 형태의 매장인 '긴자 메종 앙리 샤르팡티에'를 병설하고 지난 4월 28일 리뉴얼을 거쳤다. 카운터 좌석과 테이블 좌석을 두루 갖춘 이 살롱에서는 계절 재료를 사용해 만든 다채로운 디저트를 즐길 수 있다. 특히 추천하는 것은 간판 메뉴 '크레이프 슈제트'다. 창업자인 아리타 나오쿠니가 제과를 배우던 시절 큰

감명을 받아 현재의 찻집을 시작하는 계기가 되었다는 이 제품은 주문 즉시 고객의 눈앞에서 플랑베해 제공한다. 부티크 공간에는 계절 과일을 사용한 쇼트케이크, 긴자 메종 한정 '나폴레옹 파이' 등 형형색색의 생과자들이 가득하다. 그중에서도 선물용으로 좋은 제품은 1975년 출시 이후부터 쭉 사랑받아온 스테디셀러 피낭시에. 향이 뛰어난 2종류의 아몬드를 블렌딩해 직접 갈고, 홋카이도산(産) 오리지널 발효 버터를 사용해 만드는 특색 있는 제품이다. 지난해 10월에는 연간 판매 개수 기준 '세계에서 최고 인기 있는 피낭시에'로 3년 연속 기네스북에 오르기도 했다. 앙리 샤르팡티에는 일본의 토종 파티스리로 일본 제과업계에서 인정받고 있는 만큼 화제가 되는 새로운 숍은 아니지만 오랜 역사가 그 맛을 변함없이 입증한다. 일본 분위기가 물씬 나는 공간에서 디저트를 맛보고 싶다거나 의미 있는 도쿄 기념품을 찾는다면 앙리 샤르팡티에를 방문해보자.

## TOKYO

### 진정한 일본의 팥빵을 맛보다
# 긴자 기무라야 Ginza Kimuraya

**Address** 東京都中央区銀座4-5-7(도쿄도 주오구 긴자 4-5-7)
**Direction** 긴자선/히비야선/마루노우치선 긴자역에서 100m
**Contact** +81-3-3561-0091
**Opening Hours** 10:00~21:00

1869년 창업한 일본의 역사 깊은 제빵업체 '기무라야소혼텐'의 긴자본점. 주종으로 만든 일본적인 팥빵을 만나볼 수 있는 이곳은 일본인들에게 더 사랑받는 빵집이다. 매장은 총 6층에 달하는 큰 규모로, 1층에 베이커리, 2층에 카페, 3~4층에 레스토랑이 자리한다. 베이커리에서 빵을 구입한 뒤 카페로 올라가 음료와 함께 즐길 수 있으며 레스토랑에서는 다양한 식사가 가능하다. 7, 8층 공장에서 생산하는 130여 가지 빵 중 가장 유명한 것은 13가지 플레이버로 마련된 팥빵. 특히 사쿠라 시오쓰케가 들어간 '코시앙'과 '쓰부앙'이 인기가 많다. 팥앙금 전문점답게 앙버터와 이치고 앙버터의 판매율도 높다. 그외 팥을 활용한 빵부터 구움과자, 식빵, 파이까지 여러 제품이 있다. 기무라야의 팥앙금은 식감이 성글성글하고 맛이 담백한 편이므로 단맛이 적은 팥빵을 좋아하는 사람들에게 추천한다.

# 식사 대용 빵을 테이크아웃!
## 불랑주리 레크랭 BOULANGERIE L'écrin

**Address** 東京都中央区銀座5-11-1 (도쿄도 주오구 긴자5-11-1)
**Direction** 아사쿠사선/히비야선 히가시긴자역 A1 출구에서 128m
**Contact** +81-3-5565-0780
**Opening Hours** 10:30~21:00, 월휴무

히가시긴자역을 나오자마자 쉽게 발견할 수 있는 '불랑주리 레크랭'. 주로 식사 빵을 취급하는 데다 테이크아웃 전문점이기 때문에 긴자에서 숙박을 하는 관광객들이 간단한 아침 식사용 빵을 구입하기에 안성맞춤인 빵집이다. 불랑주리 레크랭은 근처 긴자 4초메에 위치한 레스토랑 '긴자 레크랭' 그룹이 오픈한 베이커리 브랜드다. 1974년 처음 오픈한 긴자 레크랭은 요리 외에 빵 맛도 소문이 자자할 만큼 큰 인기를 모았는데, 그 빵을 고객들이 보다 쉽게 접할 수 있도록 불랑주리 레크랭을 열었다. 명성 높은 레스토랑의 빵집인 만큼 재료부터 특별히 엄선하고 맛 또한 보증돼 있다는 것이 특징. 대표제품은 크루아상, 바게트, 시나몬롤 등 일본인들이 식사 대용으로 많이 즐기는 빵들이다. 불랑주리지만 디저트류도 구움과자부터 케이크까지 다양하게 마련돼 있다. 참고로 레크랭은 긴자 레크랭, 불랑주리 레크랭 외에 긴자 5초메에 로티스리 레크랭, 우에노에 브라세리 레크랭도 운영하고 있다.

### TOKYO

## 일본인들도 인정하는 전통 모나카
# 구야 Kuuya

**Address** 東京都中央区銀座6-7-19(도쿄도 주오우구 긴자6-7-19)
**Direction** 긴자선/히비야선/마루노우치선 긴자역에서 172m
**Contact** +81-3-3571-3304
**Opening Hours** 월~금 10:00~17:00, 토 10:00~16:00, 일·공휴일 휴무

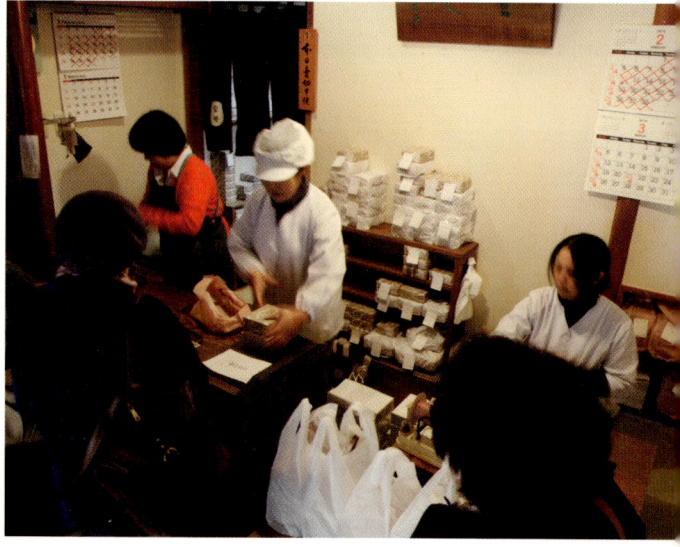

반세기 넘게 전통 화과자 '모나카' 하나로 명성을 떨쳐온 곳이 있다. 1949년 긴자 나미키도리(銀座並木通)에 문을 연 유서 깊은 화과자 전문점 '구야(空也)'. 대표제품은 협소한 매장 가득 진열된 모나카로, 오랜 세월 화과자를 선보인 노포인 만큼 그 맛은 현지인들이 증명한다고. 긴자 매장에서 일정한 양만큼만 제조·판매하기 때문에 보통 예약을 해야 구매할 수 있다. 가끔 운 좋게 남아 있는 경우가 있는데, 이때는 망설임 없이 무조건 사도록 하자. 구야의 모나카는 고가시(볶은 곡식을 빻은 것)로 만든 얇고 부드러운 셸에 팥앙금이 들어가며 첨가물을 일절 넣지 않는다. 팥앙금의 단맛이 진하지 않고 담백한 편이므로 어른들을 위한 선물로 특히 제격이다. 유통 기한은 최대 일주일 정도로, 10개입부터 구입 가능하다.

TOKYO

아기자기한 감성의 동네빵집
# 오리미네 베이커스 ORIMINE BAKERS

**Address** 東京都中央区築地7-10-11(도쿄도 주오구 쓰키지7-10-11)
**Direction** 히비야선 쓰키지역 1번 출구에서 304m
**Contact** +81-3-6228-4555
**Opening Hours** 7:00~19:00, 수 휴무

쓰키지 어시장 근처에 자리한 '오리미네 베이커스'는 작지만 저력 있는 동네빵집이다. 이곳의 인기메뉴는 귀여운 곰 모양의 빵 안에 커스터드 크림을 채운 '쿠마빵'과 햄, 치즈, 달걀, 채소 등을 듬뿍 넣은 샌드위치. 쓰키지 어시장에서 공수한 신선한 주꾸미와 멸치를 토핑으로 올린 '포카 주꾸미', '포카 멸치'는 일본색을 느낄 수 있는 이색 메뉴다. 오리미네 베이커스는 쓰키지점 외에 도쿄 내에 가츠도키점, 신오오바시점을 운영하고 있는데 각 지점마다 판매하는 제품이 조금씩 다르므로 사전에 홈페이지를 참고하자.

지난 2017년 4월, 긴자 6가에 문을 연 대형 상업시설 '긴자 식스(GINZA SIX)'는 압도적인 규모를 자랑하며 긴자의 랜드마크로 자리매김했다. 특히 이곳 지하 2층에 자리한 식품 코너에는 일본의 최첨단 식문화를 세계에 알리는 유명 브랜드의 지점이나 신규 브랜드들이 입점해 있어 고급 스위츠를 경험하기에 안성맞춤이다.

# TOKYO

## 천재 파티시에의 숨결을 느끼다
## 필립 콩티치니 PHILIPPE CONTICINI

**Address** 東京都中央区銀座6-10-1 GINZASIX B2(도쿄도 주오구 긴자 6-10-1 긴자 식스 지하2층)
**Direction** 긴자선/히비야선/마루노우치선 긴자역 A3 출구에서 215m
**Contact** +81-3-3289-4011
**Opening Hours** 10:30~20:30

긴자 식스 지하 2층에 위치한 '필립 콩티치니'는 프랑스 천재 파티시에 필립 콩티치니가 세계 최초로 론칭한 디저트 바 & 부티크다. 기다란 형태의 매장은 오른편에 테이크아웃 공간, 가운데에 작업실, 왼편에 이트인 공간 이렇게 총 3곳으로 나뉘어져 있다. 넓은 카운터 바를 갖춘 이트인 공간은 일본의 초밥 가게를 이미지화한 것으로 베린 파르페, 플레이트 디저트, 고프르 등의 메뉴를 즐길 수 있다. 주문 즉시 셰프가 바에서 메뉴를 완성해 생생한 현장감을 느낄 수 있는 것이 이곳만의 매력. 때문에 시간적 여유가 있다면 바 공간의 간판메뉴인 베린 파르페를 맛보길 추천한다. 이밖에도 필립 콩티치니 셰프가 긴자 매장을 위해 특별히 개발한 '퀴니 타탱', 공 모양의 '위크엔드' 등 클래식한 프랑스 과자를 현대적으로 변신시킨 다양한 제품들을 테이크아웃으로 구매해보자. 특히 프랑스 보르디에 버터를 넣고 실제 금괴 사이즈로 만든 '르 피낭시에 보르디에'는 여럿이 나눠먹기 좋아 기념품으로 인기가 높다.

## 파운드케이크의 무한변신
# 파티스리 파블로프 PÂTISSERIE Pavlov

**Address** 東京都中央区銀座6-10-1 GINZA SIX B2 (도쿄도 주오구 긴자 6-10-1 긴자식스 지하2층)
**Direction** 긴자선/히비야선/마루노우치선 긴자역 A3 출구에서 215m
**Contact** +81-3-3289-7155
**Opening Hours** 10:30~20:30

'파티스리 파블로프'는 프랑스 파리 '제라드 뮐러'에서 일본인 최초로 활약한 야스카즈 곤도 셰프의 파운드케이크 전문점이다. '파블로프의 개'에서 모티브를 딴 매장명은 이름만 들어도 입안에 달콤한 향기가 퍼지는 케이크를 전하고 싶은 셰프의 마음을 담았다. 신선한 생과일 및 독특한 소재를 사용하여 선보이는 새로운 장르의 파운드케이크는 보는 것만으로도 황홀경에 빠지게 한다. 고정 메뉴 외에 제철 재료를 활용한 한정 판매 파운드케이크 및 쿠글로프형, 타원형, 바통형의 파운드케이크, 케이크 살레, 2주간 보관이 가능한 선물용 미니 파운드케이크 등을 마련해 선택의 폭이 넓다. 진한 메이플 향이 나는 반죽에 달콤한 커스터드 크림을 충전하고 윗면에 바삭한 식감을 연출한 '크렘 바니유'는 파티스리 파블로프의 스테디셀러. 긴자 식스점 한정 메뉴인 '쇼콜라 프랑부아즈', '크렘 프루츠' 및 여러 가지 맛의 미니 파운드케이크를 골라 먹어보길 추천한다.

## 장인이 빚는 비엔누아즈리
# 비엔누아즈리 장 프랑수아 JEAN FRANÇOIS

**Address** 東京都中央区銀座6-10-1 GINZASIX B2 (도쿄도 주오구 긴자 6-10-1 긴자식스 지하2층)
**Direction** 긴자선/히비야선/마루노우치선 긴자역 A3 출구에서 215m
**Contact** +81-3-5537-5520
**Opening Hours** 10:30~20:30

'비엔누아즈리 장 프랑수아'는 프랑스 M.O.F 장 프랑수아 르메르시에 셰프가 선보이는 비엔누아즈리 전문점이다. 이곳에서는 매일 아침 구운 신선한 비엔누아즈리 30여 종을 판매한다. 바삭바삭한 식감이 살아있는 크루아상, 버터의 향이 짙게 밴 데니시 페이스트리, 부드러운 크림의 브리오슈 등 프랑스 현지의 기술이 제품 하나하나에 녹아든 것이 특징. 시즌에 맞는 신메뉴가 꾸준히 출시되는데 '검은콩 큐브', 홋카이도산(産) 팥을 넣은 '앙팡', 규슈·하카타 지역의 명란젓을 활용한 '멘타이 프랑스' 등 일본풍의 제품도 만나볼 수 있다. 이곳에서 놓치지 말아야 할 제품은 'W치즈케이크데니시'. 홋카이도산(産) 크림치즈로 만든 레어 치즈, 프랑스산(産) 크림치즈로 만든 베이크드 치즈를 데니시 반죽에 듬뿍 채운 제품으로 1일 6회 생산되며 1인당 3개까지 구매할 수 있다.

# Omotesando / Aoyama 오모테산도/아오야마

TOKYO

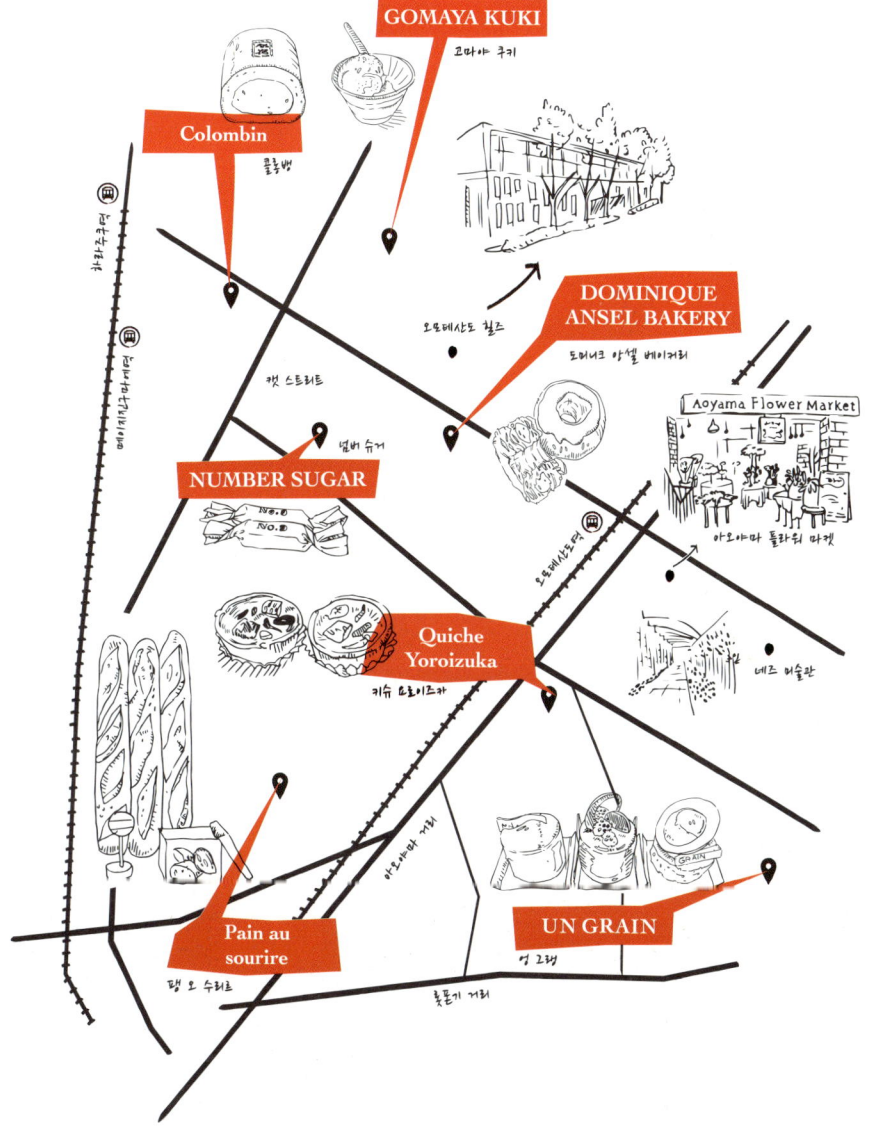

TOKYO

스타셰프의 완벽한 미나르디즈
# 엉 그랭 UN GRAIN

**Address** 東京都港区南青山6-8-17プルミエビル 1F(도쿄도 미나토구 미나미아오야마 6-8-17 프리미어 빌딩 1층)
**Direction** 긴자선/지요다선/한조몬선 오모테산도역에서 670m
**Contact** +81-3-5778-6161
**Opening Hours** 11:00~19:00, 수 휴무(12~3월)

한입 크기의 디저트 미나르디즈로 유명한 '엉 그랭'. 일반적으로 미나르디즈는 프랑스 코스 요리의 식후 디저트로 제공되지만 엉 그랭에서는 작고 세련된 비주얼의 제품을 미나르디즈로 선보인다. 앙증맞은 모양새에 비해 맛은 떨어질 거라고 생각한다면 오산이다. 제품 하나하나가 앙트르메 못지않게 식감이 다양하고 크기가 작은 덕분에 혼자 먹기에도 전혀 부담스럽지 않다. 엉 그랭은 특히 일본 내에서 인기가 높은데, 그 이유 중 하나는 바로 가나이 후미유키(金井史章) 오너셰프에 있다. 오봉뷰탕 출신의 그는 업계에서 떠오르는 스타 셰프. 매장은 테이블이 적어 테이크아웃하기에 더 적합하지만 가급적 매장에서 가나이 셰프의 디저트를 제대로 맛보길 추천하고 싶다. 미나르디즈 3종류와 음료로 구성된 세트메뉴를 1만 8000원 가량의 가격에 즐길 수 있다. 종류가 워낙 많아 고르기 힘들다면 베르가못과 초콜릿, 바닐라를 먹어보자. 엉 그랭은 오모테산도역에서 걸어가기에는 제법 거리가 있다. 근처 네즈 미술관을 먼저 구경한 후 산책 삼아 이동하면 그리 힘들지 않을 것이다.

> TOKYO
>
> 맛있는 빵과 문화를 동시에 즐기다
> # 팽 오 수리르 Pain au sourire

**Address** 東京都渋谷区渋谷1-4-6 1F(도쿄도 시부야구 시부야 1-4-6 1층)
**Direction** JR선/한조몬선/후쿠토신선/긴자선 시부야역에서 500m
**Contact** +81-3-3406-3636
**Opening Hours** 8:00~20:00, 월·일 휴무

'팽 오 수리르'는 아오야마 거리에서 도보로 5분 정도 걸리는 조용한 골목에 있다. 시부야와 좀 더 가까운 지점에 위치하기 때문에 오모테산도와 시부야를 관광하는 날 들르기 좋다. 아기자기한 인테리어와 친절하게 손님들을 맞이하는 직원들의 모습 덕분에 매장에는 편안한 분위기가 줄곧 감돈다. 가장 인기가 많은 제품은 단연 바게트. 특히 주말마다 나오는 '전립분 바게트'는 겉이 바삭바삭하고 통밀의 풍미가 일품이다. 전립분 바게트 외에 전립분 100% 빵 등 팽 오 수리르에는 전립분을 사용한 제품들이 유독 많다. 와인, 레몬에 1주일간 절인 무화과를 반죽에 넣어 만든 무화과 빵도 주인장 추천제품이다. 대부분 작게 잘린 시식용 빵이 함께 제공되므로 맛을 본 뒤 원하는 것을 고르면 된다. 팽 오 수리르가 다른 빵집과 또 하나 차별화된 점은 매장에 갤러리 공간을 갖추고 있다는 것이다. 이트인 좌석도 꽤 많아 빵과 음료를 즐기면서 예술 작품까지 구경할 수 있으니 일석이조다.

TOKYO

## 크로넛이 일본 재료를 만나면
# 도미니크 앙셀 베이커리 DOMINIQUE ANSEL BAKERY

**Address** 東京都渋谷区神宮前5-7-14(도쿄도 시부야구 진구마에 5-7-14)
**Direction** 긴자선/지요다선/한조몬선 오모테산도역에서 372m
**Contact** +81-3-3486-1329
**Opening Hours** 10:00~19:00, 부정기 휴무

일본에 문을 연 수많은 해외 브랜드들 중 대중적인 인기를 모으고 있는 곳으로 도미니크 앙셀 베이커리를 꼽을 수 있다. '도미니크 앙셀 베이커리'가 일본에 상륙한 것은 2015년 6월. 미국 타임지가 '2013년의 가장 뛰어난 발명품 25'로 선정한 하이브리드 디저트 크로넛을 미국에 가지 않아도 맛볼 수 있다는 것이 장점이지만, 그보다 팥, 흑설탕, 녹차, 벚꽃 등 일본 소재를 활용해 매달 새롭게 출시한 제품들을 판매한다는 것이 도미니크 앙셀 베이커리 일본 지점만의 특징이다. 케이크의 디자인도 일본 스타일로 변형하곤 하는데, '파리 도쿄'는 프랑스의 전통 과자 파리 브레스트를 말차 가나슈, 바닐라 크림, 패션프루츠잼을 사용해 일본풍으로 만든 것이다. 간지의 동물이나 마네키네코, 크리스마스 산타 등 계절이나 세시풍습을 소재로 한 클레지외즈도 일본 내에서 호평을 받고 있다. 한편 지난해 출시된 '소프트 서브'는 일본 수박을 사용해 만든 디저트로, SNS에서 상당한 화제를 모은 바 있다.

| TOKYO | 완성도 높은 디저트를 찾는다면
## 콜롱뱅 하라주쿠본점 살롱 Colombin

**Address** 東京都渋谷区神宮前6-31-19(도쿄도 시부야구 진구마에 6-31-19)
**Direction** 지요다선 메이지진구마에역 4번 출구에서 83m
**Contact** +81-3-3400-3838
**Opening Hours** 월~토 10:00~21:00, 일·공휴일 10:00~20:00

TOKYO

OSAKA

KYOTO

FUKUOKA

'콜롱뱅'의 창업자인 가도쿠라 구니테루는 일본 궁내성에서 천왕과 왕족을 위한 과자를 만드는 직책을 부여받은 사람이다. 1921년 프랑스로 건너가 파리의 유명 과자점 콜롱뱅에 일본인 최초로 입사했으며 그 기술을 인정받아 일본에서 콜롱뱅의 상호를 사용할 수 있는 허가를 얻었다. 그가 1924년 창업해 현재 일본 양과자업계에서 유일한 궁내성 어용 상점으로 지정된 곳이 바로 콜롱뱅이다. 대표제품 쇼트케이크는 가도쿠라 셰프가 프랑스 본고장에서 배워온 제법을 기초로 만든 것이다. 본점과 도쿄역점, 하네다공항점에서 한정으로 판매하는 '하라주쿠 롤'도 인기가 높다. 최근에는 본점 옥상에서 직접 양봉해 채취한 꿀로 만든 '하라주쿠 꿀 롤', '하라주쿠 꿀 푸딩'도 선보였으며 여름에도 녹지 않는 초콜릿으로 개발한 '구운 쇼콜라' 시리즈 '하라주쿠 구운 쇼콜라', '하라주쿠 레몬 구운 쇼콜라'도 만나볼 수 있다. 콜롱뱅 살롱 한정이지만 런치 등의 식사 메뉴도 제공된다. 이처럼 콜롱뱅은 점포나 지역별로 한정 제품이 다양하다. 셰프가 직접 개발한 파운드케이크 '구니테루', 아오모리현산(産) 홍옥 사과를 사용한 '프리미엄 애플파이', 3색 컬러 쿠키 세트 '비스퀴 트리콜로르' 등 선물용 제품도 많기 때문에 시간이 여의치 않는다면 지인들과 나누어먹을 기념품을 구입해보자.

TOKYO

언제 어디서나 먹기 좋은 간식
## 키슈 요로이즈카 Quiche Yoroizuka

**Address** 東京都港区南青山5-10-19 青山真洋ビル 1F(도쿄도 미나토구 미나미아오야마 5-10-19 아오야마마히로 빌딩 1층)
**Direction** 긴자선/지요다선/한조몬선오모테산도역에서 300m
**Contact** +81-3-6451-1370
**Opening Hours** 월~금 10:00~22:00, 토·일 10:00~21:00

일본의 유명 파티시에 도시히코 요로이즈카가 론칭한 키슈 전문점 '키슈 요로이즈카'. 사람들로 북적이는 아오야마 도리를 걷다 보면 높고 커다란 건물이 등장한다. 큰길가 한복판에 자리한 위치와 어느 대형 프랜차이즈 베이커리를 연상케 하는 외관 때문에 선뜻 들어가기가 망설여지지만, 이동 중에 간단하게 손에 들고 먹을 간식을 찾는 여행객들에게 이만한 곳이 없다. 키슈의 종류는 비교적 단출하고 비주얼 역시 심플하다. 그러나 도시히코 셰프의 명성을 아는 사람이라면 그가 선보인 키슈의 맛도 어느 정도 짐작할 수 있을 듯. 재료의 특성을 최대한 담아낸 키슈들은 다음 날 믹어도 셀이 바삭하고 맛이 살아 있다. '어니언 그라탕 키슈'와 같은 델리 키슈들을 특히 추천한다. 2층에는 카페 공간과 와인 바가 마련돼 있어 키슈와 파스타가 함께 제공되는 키슈 플레이트 등의 식사 메뉴를 즐길 수도 있다. 시부야 신큐스에도 매장이 있으니 참고하자.

## 구매욕을 불러일으키는 명품 캐러멜
# 넘버 슈거 NUMBER SUGAR

**Address** 東京都渋谷区神宮前5-11-11 1F(도쿄도 시부야구 진구마에 5-11-11 1층)
**Direction** 지요다선/후쿠토신선 메이지진구마에역 4번 출구에서 348m
**Contact** +81-3-6427-3334
**Opening Hours** 11:00~20:00, 화휴무

일본 여행길 지인에게 줄 선물을 미처 구매하지 못한 사람이라면 '넘버 슈거'를 기억하자. 향료, 착색료, 산미료를 일절 첨가하지 않고 만든 넘버 슈거의 캐러멜은 이미 관광객들 사이에서 일본에 가면 꼭 사야 할 아이템으로 자리매김했다. 플레이버는 총 12가지로 바닐라, 솔트, 시나몬 & 티, 초콜릿, 라즈베리, 오렌지 필, 아몬드, 진저, 럼 레이즌, 커피, 망고, 브라운 슈거가 있다. 맛별로 번호를 매겨 시크하게 포장된 캐러멜은 단품, 8개입, 12개입, 24개입, 36개입으로 구매가 가능한데, 단품의 경우 인기가 높은 종류는 오후가 되기 전에 품절될 수 있다는 것을 기억하자.

## 이색 아이스크림을 만나다
# 고마야 쿠키 GOMAYA KUKI

**Address** 東京都渋谷区神宮前4-26-22原宿Hビル 1F[도쿄도 시부야구 진구마에4-26-22 하라주쿠 H빌딩 1층]
**Direction** 지요다선/후쿠토신선 메이지진구마에역에서 278m
**Contact** +81-80-7961-8516
**Opening Hours** 11:00~19:00

요리에만 사용되는 줄 알았던 참깨가 아이스크림으로 멋지게 탄생했다. 흑임자와 참깨로 만든 아이스크림이 트리플 리치, 리치, 솔티 세서미, 청키 멀티그레인 등 총 6가지 플레이버로 준비돼 있으며, 주문 시 취향에 따라 2가지 맛을 선택하면 된다. 여기에 참기름과 볶은 참깨를 토핑으로 듬뿍 뿌려 즐겨보자. 그 어디에서도 경험하지 못한 진한 농후함을 느낄 수 있을 것이다. 이밖에도 고마야 쿠키에서는 참깨 아이스크림 튀김, 참깨 헤이즐넛 마블 치즈케이크, 참깨 아이스크림을 얹은 팬케이크와 일본식 파르페 등을 경험할 수 있다.

TOKYO

# Kuramae 구라마에

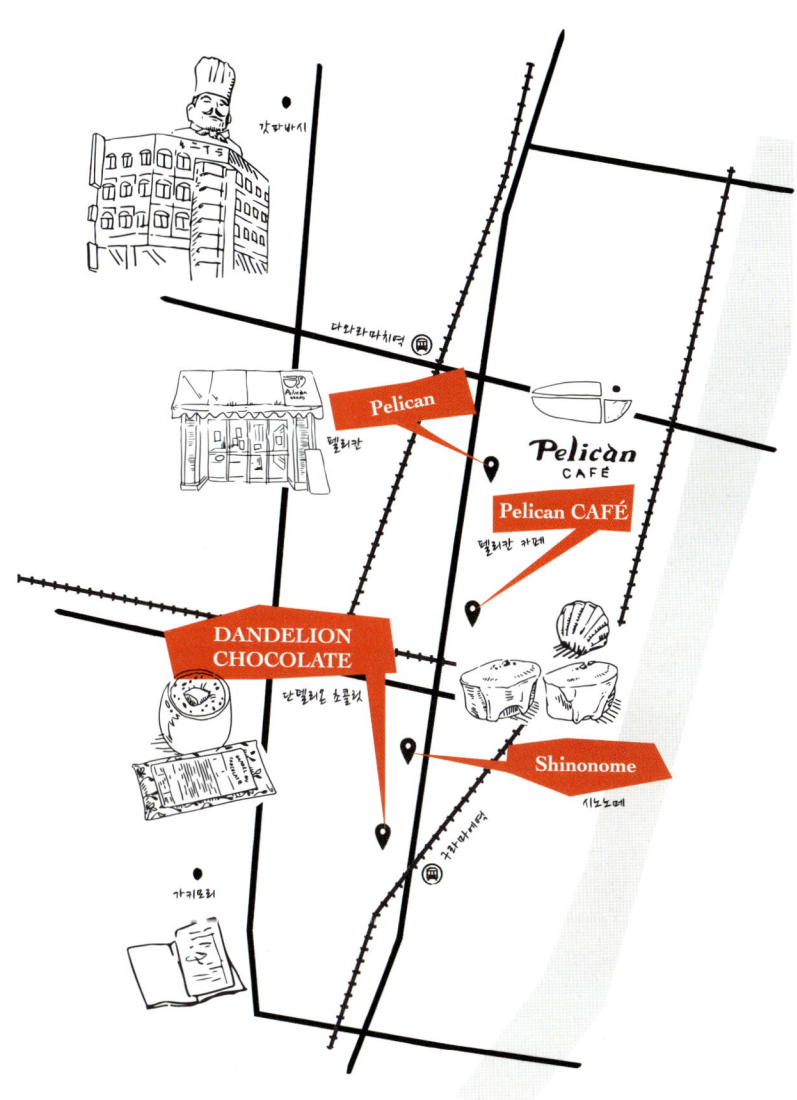

TOKYO

오감을 만족시키는 초콜릿 카페
# 단델리온 초콜릿 DANDELION CHOCOLATE

**Address** 東京都台東区蔵前4-14-6(도쿄도 다이토구 구라마에 4-14-6)
**Direction** 아사쿠사선/오에도선 구라마에역 A3 출구에서 122m
**Contact** +81-3-5833-7270
**Opening Hours** 10:00~20:00

일본의 전통과 장인 정신이 살아 숨 쉬는 구라마에 지역에 위치한 '단델리온 초콜릿'. 공장과 카페가 조화롭게 어우러진 이곳은 카카오 빈의 선별부터 로스팅, 분쇄, 템퍼링, 성형, 포장의 전 과정을 지켜볼 수 있다. 또한 초콜릿 공장 견학, 클래스 등의 다채로운 프로그램을 준비해 고객들에게 즐거운 경험을 선사한다. 단델리온 초콜릿에서는 빈투바 태블릿 초콜릿, 초콜릿 구움과자, 5종의 프티 푸르로 구성된 '구라마에 셰프 테이스팅', 초콜릿 음료 등을 선보인다. 유기농 호지차를 블렌딩한 '구라마에 핫 초콜릿'은 단델리온 초콜릿 구라마에점에서만 맛볼 수

TOKYO

OSAKA

KYOTO

FUKUOKA

있는 독특한 초콜릿 음료. 하지만 초콜릿 음료의 텍스처가 전반적으로 마일드해 진한 핫초콜릿을 기대하는 사람이라면 실망할 수도 있다. 다양한 산지의 카카오 빈으로 만든 태블릿 초콜릿은 이곳의 시그니처 아이템이므로 자신의 취향에 맞는 제품을 찾아 맛보기를 추천한다. 그중 육두구, 오렌지, 요구르트의 아로마를 지닌 '샌프란시스코 드 마코리스 도미니카 공화국 70%'는 꾸준한 인기를 얻고 있는 제품이다.

TOKYO

## 나만 알고 싶은 구움과자 전문점
# 시노노메 Shinonome

**Address** 東京都台東区蔵前4-20-4(도쿄도 다이토쿠 구라마에 4-20-4)
**Direction** 아사쿠사선/오에도선 구라마에역 A4 출구에서 143m
**Contact** 홈페이지 페이스북ID @菓子屋シノノメ, 인스타그램ID @Kashiya_shinonome
**Opening Hours** 토~일 12:00~19:00, 월~금·공휴일 휴무

구움과자 전문점 '시노노메'는 구라마에의 한적한 주택가 골목에 위치해 있다. 앤티크한 분위기가 물씬 풍기는 외관은 매장에 들어서기 전부터 한껏 기대감을 불러일으킨다. 20여 가지의 구움과자 중 스콘과 위크엔드의 인기가 가장 좋다고. 이외에도 향긋한 우롱차 잎을 넣은 '우롱차 마들렌', 풍부한 버터의 향과 고소한 견과류의 환상적 케미를 느낄 수 있는 '플로랑탱'은 꼭 먹어보길 권한다. 시노노메는 주말에만 운영하고 평일 및 공휴일에는 휴점하니 이를 염두에 두고 사전에 영업일을 꼭 확인하고 방문하자. 또한 이트인 공간이 따로 없으므로 제품을 테이크아웃한 뒤 동네를 산책하며 즐겨보자.

## 펠리칸의 식빵을 카페에서
# 펠리칸 카페 Pelican CAFÉ

**Address** 東京都台東区寿3-9-11(도쿄도 다이토구 고토부키3-9-11)
**Direction** 긴자선 다와라마치역에서 323m
**Contact** +81-3-6231-7636
**Opening Hours** 8:00~18:00, 월·공휴일 휴무

도쿄에서 유명한 식빵집 펠리칸의 베이커리 카페인 '펠리칸 카페'. 지난해 8월 문을 연 펠리칸 카페는 펠리칸이 오픈했다는 사실만으로도 엄청난 화제를 불러모았다. 본점에서 얼마 떨어지지 않은 곳에 자리한 이곳에서는 펠리칸의 식빵을 사용해 만든 먹음직스러운 카페 메뉴들을 판매한다. 테이크아웃만 가능한 펠리칸과 달리 테이블이 마련돼 있다는 것이 장점인데, 이로 인해 오픈 시간부터 아침 식사를 하기 위한 사람들의 행렬이 이어진다. 대표메뉴는 직화 토스트와 '햄 카츠 식빵' 등. 특히 작은 철망 위에 올라간 노릇하고 두툼한 토스트는 펠리칸 카페의 시그니처다. 그러나 줄이 너무 길 경우에는 근처 본점에서 식빵만 구입하는 것도 좋을 듯하다.

TOKYO

제철 과일로 만든 고급 파르페
# 아사코 이와야나기 ASAKO IWAYANAGI

**Address** 東京都世田谷区等々力4-4-5(도쿄도 세타가야구 도도로키4-4-5)
**Direction** 오이마치선도도로키역에서 196m
**Contact** +81-3-6432-3878
**Opening Hours** 10:00~19:00, 월휴무

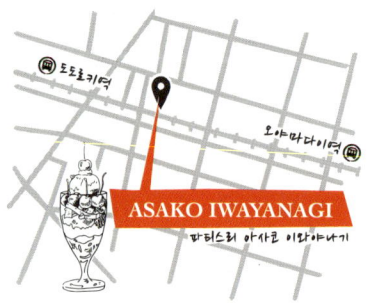

일본에서 알짜배기 빵집과 디저트 숍이 모여 있는 부촌 지역인 세타가야구. 독학으로 제과를 공부했다는 이와야나기 아사코 셰프가 2016년 2월 세타가야구에 오픈한 '파티스리 아사코 이와야나기'는 일본산 제철 과일을 사용한 파르페나 젤라토 케이크로 유명세를 탔다. 매장 인테리어를 담당한 건축가 남편의 친가 야마나시현의 '슈쿠자와 프루츠 농원'을 비롯, 일본 각지의 농가에서 멜론, 감귤류, 키위 등 제철 과

일을 제공받아 파르페를 만든다. 이 과일들은 젤라토, 콩포트, 즐레, 소스 등에 다채롭게 사용되고 있다. 또한 피스타치오, 바닐라, 초콜릿, 호지차 등의 젤라토, 즐레, 초콜릿, 식감에 악센트를 준 반죽과 너츠를 조합해 화려하게 만든 파르페 등도 선보인다. 인기가 높은 '파르페 비주' 시리즈는 보석 파르페라는 뜻 그대로, 농장에서 직송한 고급 품종의 과일들을 즐길 수 있는 특별 메뉴다. 예를 들어 6월에는 슈쿠자와 프루츠 농원의 체리를, 여름 시즌에는 복숭아나 자두 등을 사용한다. 이와 함께 파티스리 아사코 이와야나기의 시그니처메뉴인 치즈케이크 '클레어'는 규히(求肥) 속에 폭신폭신한 레어 치즈 무스, 카시스와 프랑부아즈 등 슈쿠자와 프루츠 농원의 베리류와 소스가 들어가 있는 크렘 당주 스타일의 케이크다. 세타가야구는 도쿄의 중심가나 유동 인구가 많은 번화가는 아니지만 쇼핑보다 빵 혹은 디저트 투어를 선호하는 사람들에게 더없이 괜찮은 동네다. 시부야역에서 지하철로 20분 정도로 비교적 접근성이 좋은 편이니 한 번쯤 세타가야 여행을 계획해보는 것은 어떨까.

## 품격 있는 프랑스 디저트
# 아 테 스웨 à tes souhaits!

**Address** 東京都武蔵野市吉祥寺東町3-8-8(도쿄도 무사시노시 기치조지히가시초 3-8-8)
**Direction** JR동일본 주오본선 니시오기쿠보역 북쪽 출구에서 988m
**Contact** +81-422-29-0888
**Opening Hours** 11:00~19:00, 월 휴무, 간혹 부정기 휴무(홈페이지 공지)

기치조치는 아기자기한 풍경으로 한때 국내 관광객들에게 인기를 모았던 지역이다. 이곳에 몇 년간 타베로그 도쿄 스위츠 부문 1위를 달리던 인기 파티스리가 있다. 바로 클레 데세르의 멤버인 가와무라 히데키 오너셰프가 운영하는 '아 테 스웨'. 가와무라 셰프는 일본을 대표하는 실력파 파티시에 중 한 명으로, 국내외 대회에서 다수의 수상 경력을 지니고 있다. 프랑스 전통 디저트부터 개성 있는 디저트, 제철

재료를 사용한 디저트까지 다양한 메뉴를 선보이는 것이 가장 큰 특징이다. 그중에서도 스페셜리티는 단연 '쿠인아망'. 발효 버터를 넣은 반죽에 수제 바닐라 설탕과 시나몬을 뿌려가며 접어 구운 과자로, 게랑드 소금을 사용한다. '크루아상 오 뵈르'도 마니아층이 두터운 인기제품이다. 이밖에 카카오 함량 80%의 초콜릿을 사용한 '포르티시마', 브르타뉴 지방의 명물 캐러멜을 활용한 '카라멜 탕당스', 딸기, 멜론, 복숭아, 서양배 등을 사용해 계절별로 만든 케이크, 부드러운 수플레 반죽으로 크림과 계절 과일을 감싼 '롤 스페셜'도 빼놓을 수 없다. 아 테 스웨의 한 가지 단점이라면 접근성. 기치조지역과 니시오기쿠보역 중간 지점에 위치하고 있지만 두 역 모두 버스를 타기에도, 걸어가기에도 거리가 애매하다. 무더운 여름이 아니라면 가급적 니시오기쿠보 동네 특유의 고즈넉한 분위기를 느끼며 도보로 천천히 15~20분 정도 이동하길 추천한다. 지난해 봄에는 파티스리 옆에 초콜릿과 빙과 전문점 '아 테 스웨 글라스 에 쇼콜라'도 오픈했으니 시간을 들여 방문한 보람이 있을 것이다.

TOKYO

### 사계절 다채롭게 즐기는 케이크
# 크리올로 CRIOLLO

**Address** 東京都板橋区向原3-9-2(도쿄도 이타바시구 무카이하라3-9-2)
**Direction** 유라쿠초선/후쿠토신선/세이부 이케부쿠로선 고타케무카이하라역에서 278m
**Contact** +81-3-3958-7058
**Opening Hours** 10:00~20:00, 화휴무

산토스 앙투안 오너셰프가 마담 아이와 함께 운영하는 인기 파티스리 에콜 크리올로. 2016년 5월 이곳은 도쿄 이타바시구 고타케무카이하라에 '크리올로' 라는 이름으로 본점을 이전 오픈했다. 크리올로의 특징은 일본인의 입맛에 맞춘 과자를 선보인다는 것이다. 대표제품은 식감이 다채로운 '카페 프랄리네 누아제트', 말차 스펀지로 말차 크림과 흑설탕 와라비모치를 감싼 '를레 말차', 세계 대회에서 우승한 '가이아'와 '니르바나(Nirvana)' 등. 곰 모양 초콜릿 케이크 '누누르스(nounours) 주니어'나 '환상의 치즈케이크'와 같은 냉동 제품들도 인기가 높고 여름철에는 컵 아이스크림도 출시한다. '네이처', '캐러멜', '오렌지' 등 5종류의 '토레조(torezo)'는 선물용으로 좋은 초콜릿 과자다. 그런가 하면 당뇨병 전문의의 감수를 받은 로카보 스위츠 개발에도 힘을 쏟고, 당질 제한 크루아상 등도 판매하고 있다. 모든 제품들은 매장 내 카페 공간에서 이트인이 가능하므로 수준 높은 고객 맞춤 디저트를 맛보고 싶은 사람들에게 추천한다.

## 직장인들의 성지
# R 베이커 R Baker

**Address** 東京都品川区西五反田7-10-4 ルーシッドスクエア五反田 1F
(도쿄도 시나가와구 니시고탄다 7-10-4 루시드스퀘어고탄다 1층)
**Direction** 이케가미선오사키히로코지역에서 233m
**Contact** +81-3-6417-4813
**Opening Hours** 7:30~20:00

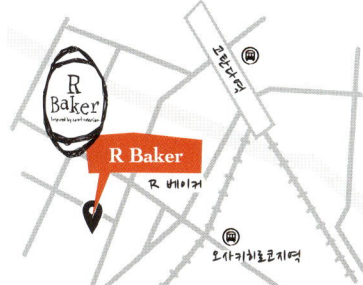

고탄다역 근처 큰길가에 위치한 'R 베이커(R Baker)'. 아리에타 호텔의 빵집 '파네테리아 아리에타'에 이어 최근 타베로그 고탄다 베이커리에서 탑 순위를 기록하며 인기를 얻고 있는 빵집이다. 고탄다는 관광객보다 현지인, 그중에서도 직장인들이 유독 많은 동네다. 때문에 매장에서는 혼자 혹은 여럿이 빵과 음료를 즐기며 여유롭게 시간을 보내는 직장인들을 심심찮게 볼 수 있다. 워낙 공간이 넓고 좌석마다 콘센트가 마련돼 있어 비상시에 이용하기에도 제격이다. 가장 인기가 많은 빵은 '카레 빵'이지만, 대부분 훌륭한 맛을 자랑한다. 단, 빵을 살 수 있는 최적의 시간대는 오후 2시 전까지임을 꼭 기억하자. R 베이커는 오사카에도 매장이 있는데 분위기가 전혀 다르고 각 매장별로 인스타그램도 활발하게 운영 중이다. 7시 30분부터 오픈할 뿐 아니라 모닝 세트도 있으니 근처에서 숙박할 경우 조식 대신 이용해도 좋겠다.

| OSAKA | # Umeda 우메다 |

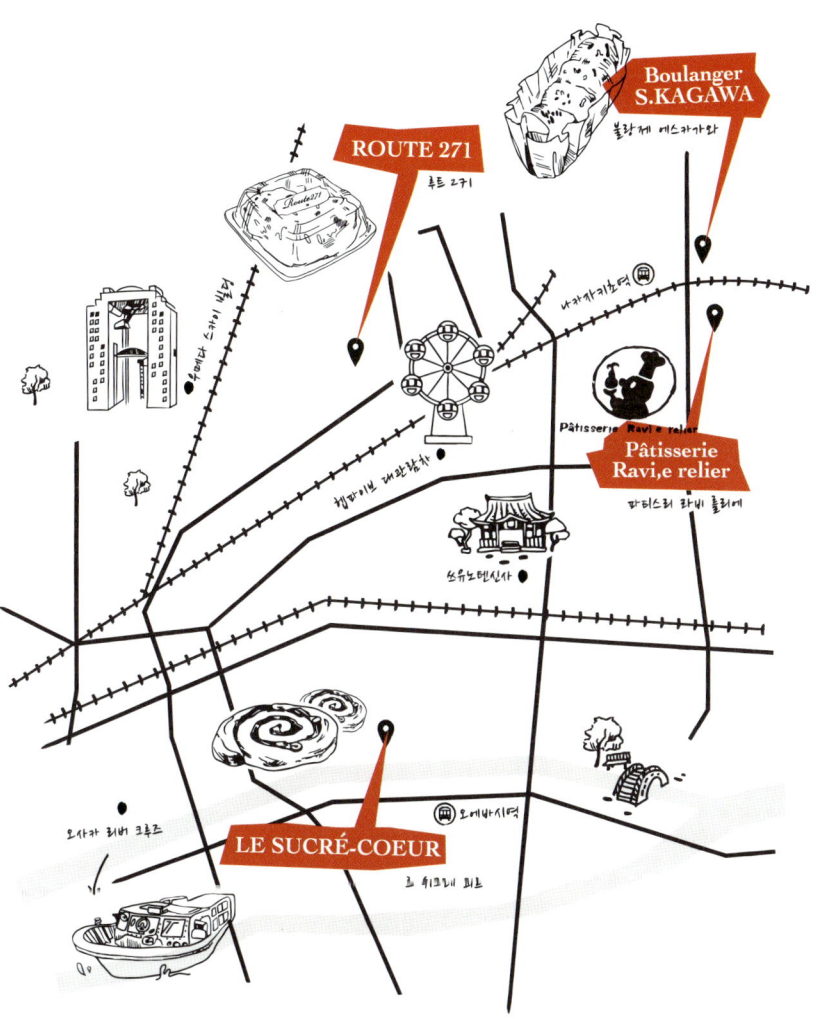

OSAKA

좋은 재료와 장인의 만남
# 불랑제 에스카가와 Boulanger S.KAGAWA

**Address** 大阪府大阪市北区中崎1-10-10ソレイユ中崎 1F [오사카부 오사카시 기타구 나카자키1-10-10 솔레이유 나카자키1층]
**Direction** 다니마치선 나카자키초역에서 210m
**Contact** +81-6-6374-0181
**Opening Hours** 7:30~19:00, 화·수 휴무

나가자키초역에서 큰길을 따라 2분 정도 걷다보면 작은 정원이 사랑스러운 '불랑제 에스카가와'를 만날 수 있다. '저렴하면서 퀄리티가 좋은 빵'으로 로컬들에게 사랑받는 이곳은 매일 아침 하드계열 빵부터 단과자빵, 조리빵 등 넓은 스펙트럼의 제품을 매대 가득 진열한다. 매대 뒤로는 개방형 주방이 그대로 드러나 셰프들의 작업 모습을 가감 없이 볼 수 있는데, 빵 만들기에 집중한 진지한 셰프들의 모습은 소비자들이 더 많은 빵을 구매하도록 부추긴다. 가가와 신지 오너셰프는 미에현 출신으로, 그곳에서 나는 깨끗하고 부드러운 물을 먹고 자라 좋은 원료

TOKYO

OSAKA

KYOTO

FUKUOKA

의 중요성을 일찍부터 깨달았다고. 때문에 물뿐만 아니라 달걀, 소금, 아몬드, 베이컨, 소시지, 참치 등 화학 조미료를 사용하지 않은 엄선된 재료들을 사용한다. 때문에 업장에 대한 신뢰를 바탕으로 어린 아이들을 데리고 방문하는 주민들이 적지 않다. 매장 한 켠에 마련된 테이블에서 먹을 경우, 무료로 차를 내어주는 세심함도 감동적이다. 직원들이 빵에 애정을 갖고 손님들에게 품목마다 설명을 곁들이며 에스카가와 빵의 매력을 전하기 위해 노력하는 모습 또한 인상적이다.

OSAKA

### 조리빵의 진수를 맛보다
# 루트 271 ROUTE 271

**Address** 大阪府大阪市北区芝田2-3-2 1F〔오사카부 오사카시 기타구 시바타 2-3-2 1층〕
**Direction** JR 우메다역에서 450m
**Contact** +81-6-7183-0366
**Opening Hours** 11:00~20:00

다른 곳에서 쉽게 접할 수 없는 독특한 조리빵을 만날 수 있는 빵집 '루트 271'. 우메다역에서 가까워 접근성이 좋을 뿐더러 빵 맛집으로 입소문이 자자해 오픈 시간인 11시가 되기도 전에 손님들이 줄지어 선다. 베스트셀러인 타이풍 야키소바 빵은 순식간에 품절되기 때문에 맛보고 싶다면 이른 오전 시간에 방문하길 추천한다. 바게트에 돼지 파테와 코니숑을 샌드한 파테 산도, 그리고 소시지와 양파를 조리해 베사멜 소스와 함께 곁들인 크로크 무슈도 인기가 좋으며 그 외에 고등어, 새우, 달걀, 햄 등을 매치한 빵들도 실패할 확률이 적다. 3~4명만 들어가도 꽉 찰 정도로 내부가 좁지만 식사 대용 빵뿐만 아니라 슈크림 빵 등 단과자 빵 종류도 폭넓게 준비돼 있어 취향이 제각각인 사람들과 동행하더라도 모두가 만족할 만한 곳이다.

### 오사카의 입맛을 사로잡은 파티스리
# 파티스리 라비 를리에 Pâtisserie Ravi,e relier

**Address** 大阪府大阪市北区山崎町5-13(오사카부 오사카시 기타구 야마자키초 5-13)
**Direction** 오사카간조선 덴마역에서 450m
**Contact** +81-6-6313-3688
**Opening Hours** 11:00~20:00, 화·수 휴무

디저트 마니아들에게 '나만 알고 싶은 양과자점'으로 통하는 곳. 오픈 시간인 11시가 되자마자 기다렸다는 듯 손님들이 하나 둘 들어서는 '라비 를리에'는 2009년 오픈한 핫토리 부부의 파티스리다. 인기 비결은 내용물을 짐작할 수 없는 이름과 일본에서는 절대 상상할 수 없는 맛의 조합. 머릿속에 영감이 떠오를 때마다 수시로 신제품을 개발하는 셰프 덕에 메뉴는 기본 몇 가지를 제외하곤 언제든지 자유자재로 변경된다. 개성 강한 맛으로 유명해졌지만, 이보다 더 중시하는 것이 있다면 손님들과의 커뮤니케이션. 늘 웃는 얼굴로 손님을 맞는 직원들과 백점만점의 서비스를 자랑해 언제든 다시 방문하고 싶은 따뜻한 양과자점이다.

# OSAKA

### 오사카에서 유럽을 느끼고 싶다면
## 르 쉬크레 쾨르 LE SUCRÉ-COEUR

**Address** 大阪府大阪市北区堂島浜1-2-1新ダイビル 1F(오사카부 오사카시 기타구 도지마하마 1-2-1 신다이빌딩 1층)
**Direction** 게이한나카노시마선 오에바시역에서 400m
**Contact** +81-6-6147-7779
**Opening Hours** 11:00~20:00, 일·월휴무

'르 쉬크레 쾨르'는 14년 전 이와나가 아유무 셰프가 기시베 지역에서 시작한 정통 프랑스 빵 콘셉트의 불랑주리다. 계속되는 인기에 힘입어 우메다 시내 근처 기타구에 2016년 새롭게 둥지를 틀었다. 세련된 인테리어와 유럽에 온 듯 자유분방한 분위기 덕분에 매일 많은 사람들의 방문이 이어지고 있다고. 콘셉트에 맞춰 하드계열 빵 라인업에 특히 공을 들인 르 쉬크레 쾨르. 하드계열 빵이 부피가 크고 모양이 투박하다는 편견을 깬 하트 모양의 '팽 쾨르(Pain coeur)'는 잠시 앉아 즐기기에 부담 없는 적당한 양과 사랑스러운 비주얼로 젊은 층의 선호도가 높다.

이스트 냄새를 최대한 배제하고 크럼 텍스처에 집중한 팽 드 미는 주부들에게 테이크아웃으로 판매량이 높은 편이며, 크루아상, 에스카르고를 비롯한 비엔누아즈리, 제철 채소를 이용해 만드는 키슈 등도 고루 마련돼 있다. 이트인을 요청하면 접시에 커팅한 빵을 따뜻하게 데워 담아주는 정갈함도 경험해볼 수 있다. 샌드위치도 6종류로 선택의 폭이 넓고 수프와 샐러드도 판매하고 있으니 테라스에 앉아 여유롭게 브런치를 즐기기에도 그만이다.

# Kitahama 기타하마

OSAKA

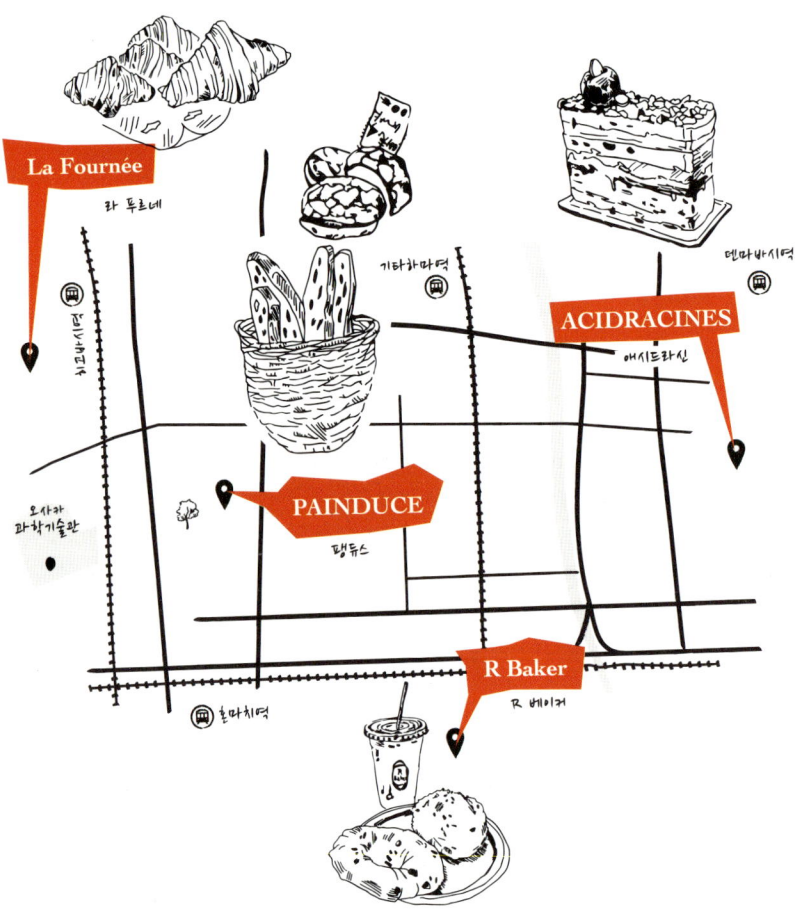

## OSAKA

재방문을 부르는 빵
# 라 푸르네 La Fournée

**Address** 大阪府大阪市西区土佐堀1-4-2西田ビル 1F (오사카부 오사카시 니시구 도사보리 1-4-2 시타빌딩 1층)
**Direction** 요쓰바시선 히고바시역에서 500m
**Contact** +81-6-6147-5267
**Opening Hours** 10:00~20:00, 월·화 휴무

'라 푸르네'는 편안하고 정감 가는 인테리어와 친절함이 돋보이는 작은 빵집이다. 하드계열 빵을 주력으로 하고 있으며, 대체적으로 제품 사이즈가 작은 것이 특징이다. 판매량이 도드라지게 높은 제품이 있기보다는 고객 입맛에 따라 각 제품들이 고루고루 인기가 좋은 편이다. 겉면의 색을 진하게 낸 크루아상, 팽 오 쇼콜라 등 페이스트리류는 바삭한 식감과 진한 버터 풍미로 손님들이 꾸준히 찾는 메뉴이며, 홋카이도산(産) 밀가루를 사용한 식빵은 쫀득하면서도 부드러워 판매량이 높다고. 직접 만든 다양한 종류의 잼도 함께 판매 중인데 하드계열 빵에 수제 딸기잼과 버터를 샌드한 제품도 이곳에서만 만날 수 있는 별미다. 또한 주문 직후 커스터드 크림을 채워주는 슈는 대부분의 방문객이 구매하는 제품이니 적극 추천한다.

## 지역 농가와 상생하는 빵집
## 팽듀스 PAINDUCE

**Address** 大阪府大阪市中央区淡路町4-3-1 FOBOSビル 1F (오사카부 오사카시 주오구 아와지마치 4-3-1 FOBOS 빌딩 1층)
**Direction** 요쓰바시선/주오선/미도스지선 혼마치역에서 800m
**Contact** +81-6-6205-7720
**Opening Hours** 8:00~19:00, 일휴무

'팽듀스'는 오사카역, 신오사카역에 분점을 두고 있으며, 빵을 이용한 요리를 파는 레스토랑 '애드 팽듀스'도 함께 운영한다. 본점은 혼마치역에서 도보 4분 거리에 있는데, 팽듀스의 진가를 맛보고 싶다면 꼭 본점을 방문해야 한다는 게 현지인들의 증언. 팽듀스는 프랑스어 'le pain'과 영어 'produce'의 합성어로 빵을 만들 때 기본을 지키는 동시에 항상 새로운 시각으로 빵을 만들고 싶은 셰프의 마음이 담겨 있다고. 팽듀스는 일본산(産) 통밀 및 호밀가루를 사용하며, 이곳에서 사용하는 모든 채소와 과일은 주변 농가에서 공수해오고 있다. 시금치, 생강, 가지, 배추 등 폭넓은 스펙트럼의 채소들을 접목한 독특한 빵을 만나볼 수 있는 것이 특징이며, 가격대도 200엔을 넘지 않는 제품이 대부분이다.

## OSAKA

젊은 활기와 세련된 브런치가 있는 곳
# R 베이커 R Baker

**Address** 大阪府大阪市中央区南久宝寺町2-1-5イートアンドビル 1F
[오사카부 오사카시 주오구 미나미큐호지마치 2-1-5 이트앤드빌딩 1층]
**Direction** 주오선/사카이스지선 사카이스지혼마치역에서 350m
**Contact** +81-6-6264-0632
**Opening Hours** 7:00~20:00

브런치를 즐기러 오는 사람들로 붐비는 세련된 베이커리 카페 'R 베이커'. 점심 시간에는 빵 1종류, 샐러드, 커피로 구성된 세트를 600엔이 넘지 않는 합리적인 가격에 판매하는데 이는 주변 회원 및 로컬들이 많이 찾는 단골 메뉴다. 이곳에서는 자가 배양한 효모로 60종에 달하는 빵을 만들며 커피도 4종류를 갖추고 있다. 세이버리 재료들을 빵에 적절하게 적용한 크로켓, 피자빵 외에도 하드계열, 소프트계열 빵들을 매일 굽기 때문에 누구나 입맛에 맞는 빵을 고를 수 있다는 것이 장점. 좌석 수가 많아 먹고 가는 손님들도 많지만 테이크아웃 손님 비율도 높은 편이다. 전체적인 인테리어는 목재를 사용했으며 도로와 맞닿는 벽을 개방해 탁 트인 해방감을 준다. 곳곳에 식물들을 배치해 정원에 온 듯 편안한 기분 또한 느낄 수 있으며 점원들이 대부분 젊은 나이대로 구성돼 매장에 활기를 더한다. 매장 정면으로는 주방이 보이는데 바 테이블에 앉을 경우 제빵사들이 분주하게 빵을 반죽하고 굽는 모습을 생생하게 볼 수 있다.

# 1등 파티스리에는 다른 무언가가 있다
## 애시드라신 ACIDRACINES

**Address** 大阪府大阪市中央区内平野町1-4-6 (오사카부 오사카시 주오구 우치히라노마치 1-4-6)
**Direction** 게이한본선/게이한 나카노시마선/다니마치선 덴마바시역에서 400m
**Contact** +81-6-7165-3495
**Opening Hours** 11:00~20:00, 수·목 휴무

'애시드라신'은 현지인뿐 아니라 해외 손님들까지 끌어들이며 오사카 스위츠 1위 자리를 굳건히 하고 있는 파티스리다. 테이크아웃 전문점으로 공간은 협소하지만 프티 가토, 구움과자, 마카롱 등을 두루 갖추고 있어 실속 있고 맛도 뛰어나다는 평가를 받고 있다. 숍 이름은 'atomicity(불가분성)', 'consistency(일관성)', 'isolation(독립성)', 'durability(지속성)'의 4개의 머리글자를 딴 'acid'와 프랑스어로 뿌리를 뜻하는 'racines'를 합성한 단어로, 일관되지만 다른 파티스리와 구분되는 콘셉트를 기반으로 숍을 운영 중이다. 또한 요리사 겸 파티시에인 하시모토 셰프는 '재료의 맛을 그대로 살리는 제품'을 모토로 단순한 재료를 이용해 재료간의 조화를 잘 이끌어낸 케이크를 선보이려 노력한다고. 베스트셀러인 '그리오트 피스타슈'의 경우 체리 본연의 새콤달콤한 맛을 강하게 살리면서 농후한 피스타치오 크림과 가벼운 비스퀴를 매치해 적절한 맛의 비율을 도출해내는 식이다.

OSAKA | # Shinsaibashi / Namba 신사이바시/난바

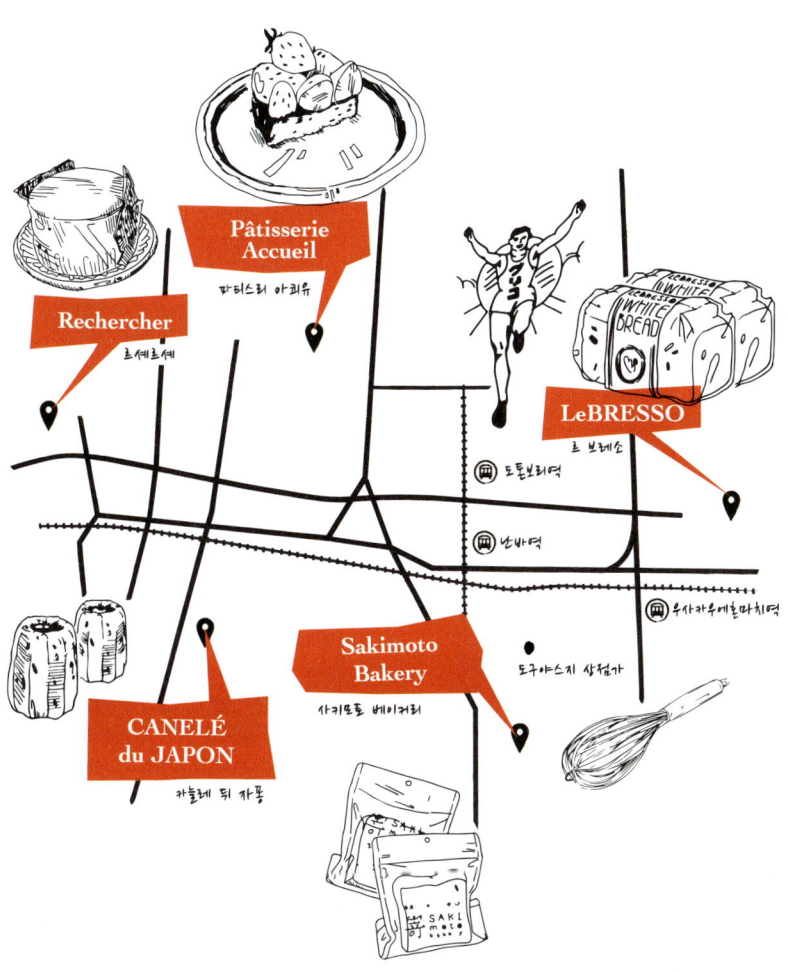

OSAKA

### 일본을 담은 카늘레
# 카늘레 뒤 자퐁 CANELÉ du JAPON

**Address** 大阪府大阪市浪速区桜川1-6-24(오사카부 오사카시 나니와구 사쿠라가와 1-6-24)
**Direction** 한신 난바선 오사카난바역에서 900m
**Contact** +81-70-6920-8880
**Opening Hours** 10:00~19:00, 수휴무

오사카의 명물로 자리 잡은 카늘레 전문점 '카늘레 뒤 자퐁'. JR 난바역에서 도보로 8분 거리인 이곳은 테이크아웃만 가능한 아주 작은 매장이지만 매일 줄이 늘어설 정도로 인기가 좋다. 이곳에서는 정통 프렌치 페이스트리인 보르도 카늘레를 베이스로, 시즌에 따라 일본의 색을 가미한 플레이버를 신제품으로 선보인다. 일반적인 카늘레보다 크기가 작아 여러 종류를 맛보기에도 부담이 없으며, 개당 150엔대의 가격에 판매한다. 연중 내내 만나볼 수 있는 클래식 카늘레는 럼과 바닐라가 들어간 기본 메뉴 '시로', 다크초콜릿과 으깬 카카오 빈으로 만든 '쿠로', 호지차 반죽에 캐러멜을 섞은 '호지 캐러멜', 콩가루 반죽에 5가지 곡물을 넣은 '기나코 고코쿠', 피스타치오와 말차 반죽으로 만든 '말차 피스타치오' 총 5종류가 준비돼 있다. 이외에 시즌마다 선보이는 한정 제품은 제철 과일을 이용해 만들고 있으며 매달 1일 인스타그램을 통해 공지된다. 빈티지하면서 심플한 매장 분위기를 그대로 반영한 패키지도 하나의 인기 비결. 간단한 선물로 좋으나 구매한 다음날까지가 가장 맛있으니, 출국 전 오사카역에서 가까운 2호점 'Canelé du Japon doudou'를 방문해 구매하는 것도 하나의 팁이다.

## 섬세한 디테일이 돋보이는 디저트
# 르셰르셰 Rechercher

**Address** 大阪府大阪市西区南堀江4-5 (오사카부 오사카시 니시구 미나미호리에 4-5)
**Direction** 한신난바선/센니치마에선 사쿠라가와역에서 550m
**Contact** +81-6-6535-0870
**Opening Hours** 10:00~19:00, 화휴무

'르셰르셰'는 시내에서 좀 떨어진 한적한 주택가에 자리해 있지만 일부러 찾아갈 만한 가치가 있다는 평가를 받는 디저트 숍이다. 외관이 수수해 주의해서 찾아가지 않으면 그냥 지나치기 십상이지만 실내는 레드와 블랙을 조합해 세련된 분위기가 느껴지며, 널찍한 냉장 쇼케이스에 진열된 20여 종의 케이크에서는 그 자체로 화려함이 묻어난다. 통유리 너머로 셰프들이 작업하는 주방 풍경을 들여다보는 것도 하나의 재미. 츠지제과전문학교를 졸업하고 프랑스 현지에서 경력을 쌓은 무라타 오너셰프는 디저트를 만드는 데에 재료를 인색하게 쓰면 안된다는 신념을 고집한다고. 그의 케이크는 제품마다 재료의 맛이 풍부하게 느껴진다. 서양의 화려함을 토대로 일본의 심세한 니베일을 살린 디저트가 특징인 이곳은 하나의 재료로 다양한 식감을 표현하는 데 특히 뛰어나다. 한 예로 '프린스 누아'는 통카 빈 무스와 다크초콜릿으로 만든 시트 등을 조합해 폭신함, 쫀득함, 사르르 녹는 식감 등을 다채롭게 담은 인기메뉴다. 구움과자도 케이크 못지않게 인기가 높으니 선물용으로 구입하기 적절하다. 매장 바깥에 마련된 간이 테이블에서 이트인할 수 있으며, 커피 등 음료는 판매하지 않는다.

OSAKA

센스 넘치는 식빵 전문점
## 사키모토 베이커리 Sakimoto Bakery

**Address** 大阪府大阪市浪速区難波中2-3-18(오사카부 오사카시 나니와구 난바나카 2-3-18)
**Direction** 난카이선 난바역에서 180m
**Contact** +81-6-6634-6800
**Opening Hours** 11:00~18:00

일본에서 치즈 타르트로 유명한 파블로(Pablo)의 오너가 2017년 11월 새롭게 론칭한 식빵 전문점이다. 경험에서 비롯된 노련한 마케팅과 트렌디한 브랜딩으로 누구나 가고 싶어할 만한 빵집으로 자리매김한 '사키모토 베이커리'는 하루도 빠짐없이 늘어선 대기 라인, 그리고 품절 행진을 이어가고 있다. 지리적으로 난바역 근처에 위치해 접근성이 좋은 것도 하나의 인기 요인이지만 단 2가지 종류의 식빵을 하루에 3~4번만 구워 판매한다는 희소성, 소비자들의 구매욕을 자극하는 트렌디한 패키지, 그리고 이트인할 경우 제공되는 포토제닉한 플레이팅이

TOKYO

**OSAKA**

KYOTO

FUKUOKA

손님을 유혹하는 미끼다. 달걀, 유제품을 넣지 않은 기본 식빵 '코쿠비'는 900엔, 아와지섬 우유와 홋카이도 산(産) 생크림을 넣고 버터와 꿀로 단맛을 낸 식빵 '코구나마'는 950엔으로 가격대가 다소 높은 편이다. 한 장씩 커팅해 개별 포장한 제품은 마치 생필품을 판매하듯 위트 있게 진열돼 있는데 가격은 각각 280엔, 300엔으로 책정돼 있다. 식빵 선분답게 수제잼도 함께 판매한다. 스트로베리, 블루베리, 오렌지 등 프루츠 계열과 얼그레이, 검은깨, 팥, 인절미, 럼레이즌, 피스타치오, 녹차, 밀크 버터 등 다양한 잼을 함께 구매할 수 있다. 제과인들의 성지인 도구야스지 상점가와 인접해 있으니 한 번쯤 방문해 봐도 좋을 것이다.

87

## OSAKA

초콜릿부터 가토까지, 만능 셰프의 파티스리
# 파티스리 아쾨유 Pâtisserie Accueil

**Address** 大阪府大阪市西区北堀江1-17-18 102(오사카부 오사카시니시구 기타호리에 1-17-18 102호)
**Direction** 요쓰바시선 요쓰바시역에서 250m
**Contact** +81-6-6533-2313
**Opening Hours** 10:00~20:00, 화휴무

점원들의 친근한 응대와 아기자기한 소품들로 기분이 좋아지는 '파티스리 아쾨유'. 쇼케이스는 대략 15종의 알록달록한 케이크로 가득 채워지는데, 신제품 출시도 활발한 편이기 때문에 방문한다면 베스트셀러와 더불어 당시에만 만날 수 있는 시즌 한정 제품을 문의해 함께 맛볼 것을 추천한다. 카운터 바로 옆에는 구미를 당기는 비주얼의 퀴니아망, 콩베르사시옹 등 페이스트리류가, 우측 벽면에는 구움과자 파트가 마련돼 있다. 아쾨유에는 케이크보다 구움과자를 찾는 마니아들이 있을 정도로 보증된 맛을 자랑한다. 또한 오너셰프가 초콜릿 전문점인 나카타니테이에서 경력을 쌓은 만큼 밸런타인데이와 화이트데이에는 높은 퀄리티의 초콜릿 제품도 만나볼 수 있다. 쇼케이스 맞은편에는 작게나마 이트인 자리가 바 형식으로 갖추어져 있는데, 햇빛이 비쳐 들어오는 시간에는 손님들이 쾌적하게 케이크를 즐길 수 있게끔 에어컨을 가동시킨다. 가방 보관 바구니도 함께 배치한 부분에서 세심한 배려를 엿볼 수 있으니 시간이 허락된다면 여유를 즐기며 머물다 가길 추천한다.

## 갓 지은 밥처럼 맛있는 식빵
## 르브레소 LeBRESSO

**Address** 大阪府大阪市天王寺区味原町1-1(오사카부 오사카시 덴노지구 아지하라초 1-1)
**Direction** 센니치마에센/오사카칸조선 쓰루하시역에서 450m
**Contact** +81-6-6765-8005
**Opening Hours** 8:00~19:00

몇 년 전부터 오사카에도 식빵 전문점이 크게 증가했지만 '르브레소'는 그중에서도 꾸준한 호평을 이어가는 곳이다. 르브레소는 아지하라초 본점과 그랜드 프론트 오사카 분점을 운영 중인데, 적벽돌로 둘러싸인 개성 넘치는 외관과 특별한 방식으로 진열된 식빵을 보고 싶다면 아지하라초 본점을 방문하길 권한다. 르브레소 식빵은 갓 지은 밥처럼 쫀득하고 촉촉한 식감과 살짝 달착지근한 독특한 맛이 특징이다. 오랜 세일등인 믹어노 실리지 않는 식빵을 추구하기 때문에 식빵이지만 단맛을 돋보이게 하는 미묘한 소금기를 첨가해 단품으로 먹어도 손색이 없다. 르브레소 식빵, 초코칩 식빵 등 총 4가지 종류의 홀 사이즈 식빵을 판매하며, 가게 안에서 먹을 경우 식빵을 4㎝ 두께로 잘라 스프레드를 바르거나 토핑을 올리는 등 다양하게 베리에이션한 메뉴도 준비돼 있다. 시즌별로 스위트계열, 식사 대용 세이버리 토스트 2종류가 한정 출시된다.

# Nijo / Karasuma 니조/가라스마

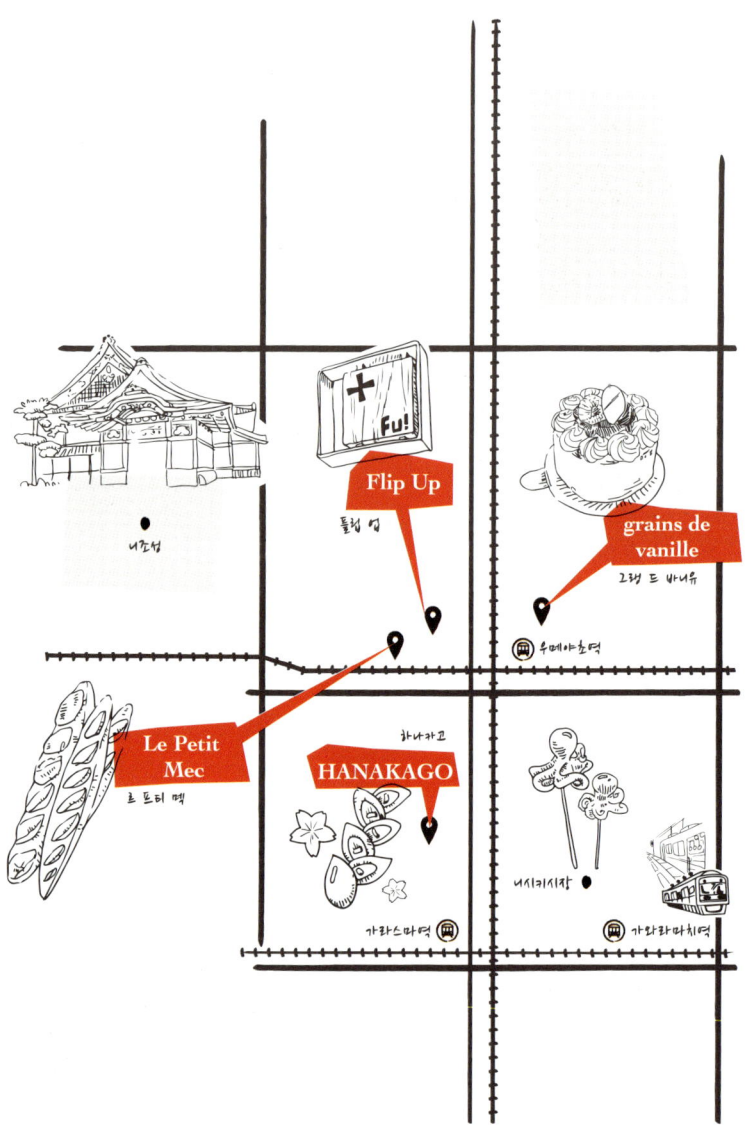

KYOTO

요리사들에게 사랑 받는 빵집
# 하나카고 HANAKAGO

**Address** 京都府京都市中京区室町通六角下ル鯉山町516-4
(교토부 교토시 나카교구 무로마치도리 롯카쿠 사가루 고이야마초 516-4)
**Direction** 도자이선 가라스마오이케역 6번 출구에서 290m
**Contact** +81-75-231-8945
**Opening Hours** 8:00~18:30, 일·월 휴무

'하나카고'는 가라스마오이케역에서 멀지 않은 주택가 골목 안에 위치하고 있다. 가와라마치역에 내려 니시키 시장을 구경하고 들러보는 것도 좋은 방법. 프랑스에서 경험을 쌓은 주인장이 운영하는 곳으로 와인, 치즈, 요리와 잘 어울리는 하드계열 빵을 주축으로 선보인다. 교토의 많은 레스토랑에 빵을 납품 중이며 요리사도 인정하는 실력파 빵집이다. 4종의 바게트가 있는데 그중에서도 홋카이도산(産) 밀가루를 사용한 클래식 바게트가 가장 큰 인기를 누린다. 하드계열 빵 외에도 페이스트리, 크림빵 등 간식으로 먹기 좋은 제품도 많다. 특히 크림빵은 은은한 오렌지향을 머금은 부드러운 브리오슈 반죽 속에 바닐라 빈이 콕콕 박힌 크림이 듬뿍 들어 있어 절로 미소가 지어지는 맛이다. 오후가 되면 금방 빵이 품절 되니 최대한 늦지 않게 들를 것을 추천한다.

## 베이글이 특히 맛있는 동네빵집
# 플립 업 Flip Up

**Address** 京都府京都市中京区押小路通室町東入ル蛸薬師町292-2
〔교토부 교토시 나카교구 오시코지도리 무로마치 히가시이루 다코야쿠지초 292-2〕
**Direction** 도자이선 가라스마오이케역 2번 출구에서 247m
**Contact** +81-75-213-2833
**Opening Hours** 7:00~18:00, 일·월 휴무

한적한 골목길에 위치한 '플립 업'은 눈에 띄지 않는 작은 간판에 흰 외벽의 소박한 모습임에도 많은 이들의 발걸음이 이어진다. 특히 베이글이 유명한데, 초콜릿 페이스트를 머금은 초콜릿 베이글, 치즈 베이글은 진열대에 놓이기 무섭게 품절되는 인기품목이다. 플립 업의 제품들은 대부분 가격이 200엔 이하로 저렴하고 가성비도 훌륭하다. 한편, 플립 업과 아주 가까운 거리에 위치한 '나카무라 제너럴 스토어' 또한 들러볼 것을 강력히 추천한다. 하와이에서 일하며 베이킹을 해온 주인장이 본국으로 돌아와 스콘, 머핀, 파운드케이크 등을 구워 판매하는 작은 매장인데 조금씩 굽고 소진될 때마다 더 만드는 식이라 기다려야 하는 때가 많다. 민트색의 외관은 투박하지만 멋스러운 인테리어와 제품들이 매력적인 곳이다.

> KYOTO

# 아기자기한 케이크에 마음이 들뜨는 곳
# 그랭 드 바니유 grains de vanille

**Address** 京都府京都市中京区間之町通二条下鍵屋町486
(교토부 교토시 나카교구 아이노마치도리 니조 사가루 가기야마마치 486)
**Direction** 도자이선 가라스마오이케역 1번 출구에서 327m
**Contact** +81-75-241-7726
**Opening Hours** 7:00~22:00, 둘째 주 수·넷째 주 화 휴무

햇살이 들어오는 아이보리 톤의 깔끔한 분위기가 연출되는 '그랭 드 바니유'는 여성들의 취향을 저격하기에 충분한 곳. 파리에서 실력을 쌓은 파티시에가 운영하는 이곳에서는 맛깔나는 디저트를 만날 수 있다. 긴 쇼케이스에 한가득 진열된 15~20종의 화려한 프티 가토는 한참을 메뉴에 대한 고민에 빠지게 할 정도로 매력적인 비주얼을 자랑한다. 가장 대중적인 사랑을 받는 품목은 산딸기가 포인트인 '엠마'와 메이플 시럽, 마스카르포네 무스, 딸기 젤리 등이 어우러진 '루미에르'다. 콩베르사시옹, 파이, 마들렌, 쿠키를 비롯한 구움과자, 마카롱, 초콜릿 등도 골고루 준비돼 있다. 어느 것을 구매해도 만족스러울 정도로 모든 제품의 완성도가 훌륭한 편. 게다가 시즌별로 신제품을 선보이는 만큼 다채로운 디저트를 경험해볼 수 있다. 매장 한쪽에는 다양한 잼들도 진열돼 있는데 패션프루츠-망고, 무화과-화이트 와인, 파인애플-바닐라 등 특별한 조합이기에 선물용으로도 손색이 없다. 매장에는 고심 끝에 여러 가지 프티 가토를 골라 포장해 나가는 손님들이 이어지고 매장 내에 비치된 4개의 테이블은 이트인 손님들로 꽉 차있다. 케이크는 주문 후 주방에서 따로 플레이팅해서 자리로 가져다주는 시스템이기 때문에 다소 시간이 소요되는 편. 1인 1메뉴를 주문해야 하니 참고하자.

TOKYO  OSAKA  **KYOTO**  FUKUOKA

KYOTO

교토 빵집 필수 탐방 코스
# 르 프티 멕 Le Petit Mec

**Address** 京都府京都市中京区衣棚通御池上ル下妙覚寺186 1F
(교토부 쿄토시 나카교구 고로모타나도리 오이케 아가루 사가루 묘카쿠지 186 1층)
**Direction** 도자이선 가라스마오이케역 2번 출구에서 253m
**Contact** +81-75-212-7735
**Opening Hours** 9:00~19:00

'르 프티 멕'은 교토에서 가장 유명한 빵집중 한 곳이다. 가장 많이 알려진 곳은 빨간색 외관의 이마데가와 본점. 본점과 달리 오이케점은 프렌치 베이커리 콘셉트로 운영된다. 검정색 외관의 오이케점 외벽에 붙은 파리 도로명 판넬과 앞에 놓인 몇몇의 테라스 좌석이 한층 유럽풍의 분위기를 자아낸다. 매장에 들어서면 프랑스 라디오에서 흘러나오는 상송과 프랑스어 방송이 이국적인 분위기를 더한다. 진열대에는 하드계열 빵을 비롯해 타르트, 샌드위치, 잼등이 러프한 느낌으로 풍성하게 올려져 있다. 에스프레소, 카페 라테, 카푸치노 등 기본적인 커피 및 차, 음료도 판매한다. 소프트 롤, 바게트, 식빵, 포카치아 등 다양한 빵에 로스트 비프, 치즈, 햄, 채소 등 각종 재료가 풍성히 들어간 버거와 샌드위치는 보기만 해도 먹음직스럽다. 그중 '아보카도 연어 샌드위치'가 특히 인기다. 르 프티 멕은 이마데가와 본점, 오이케점 외에도 히비야점, 다이마루 교토점, 오마케점 등이 있다. 오마케점의 경우 도넛, 야키소바 빵, 식빵 등의 일부 제품만을 선별해 판매한다.

# Kawaramachi / Gion 가와라마치/기온

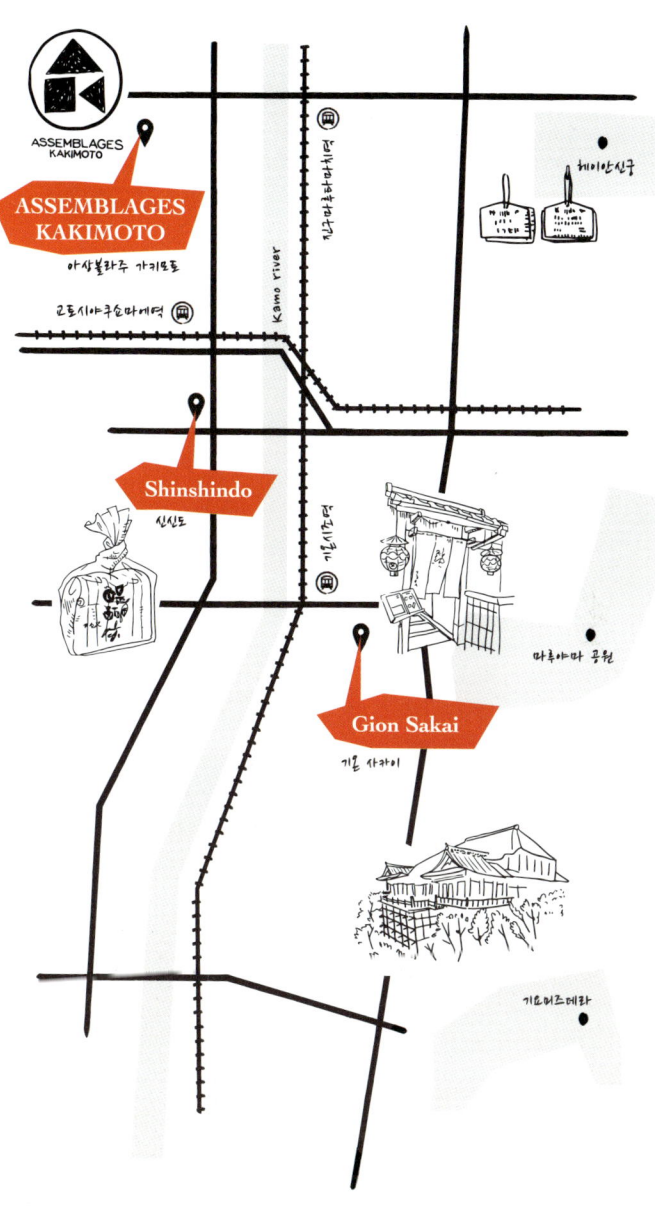

| KYOTO | 일본풍의 정갈한 디저트를 만날 수 있는 곳<br>**기온 사카이** Gion Sakai |
|---|---|

**Address** 京都府京都市東山区祇園町南側570-122(교토부 교토시 히가시야마구 기온마치 미나미가와 570-122)
**Direction** 게이한본선 기온-시조역 7번 출구에서 350m
**Contact** +81-75-531-8878
**Opening Hours** 11:00~19:00

교토의 유명 관광지 기요미즈데라로 이어지는 하나미코지 거리는 교토 특유의 옛 건물들이 양쪽으로 줄지어 있어 많은 관광객들의 발걸음이 이어지는 곳이다. 일본식 양과자점인 '기온 사카이'는 이 하나미코지 거리의 초입에 위치해 있다. 전통미가 느껴지는 입구의 휘장을 걷고 들어가면 깔끔하고 간결미 넘치는 매장이 눈앞에 펼쳐진다. 클래식 프렌치 디저트를 일본 스타일로 풀어낸 제품들부터 각종 구움과자, 롤케이크, 일본산(産) 재료를 사용해 만

든 전통 과자까지 다채로운 디저트를 만날 수 있다. 쇼케이스에 아기자기하게 진열된 제품들은 구매 욕구를 한 층 더 높이고 포장 또한 고급스러워 선물용으로도 손색없다. 직원들도 매우 친절하고 세심해 좋은 인상을 남긴다. 1층 매장 안쪽에는 갤러리 공간이 있으며, 2층에는 앉아서 다과를 즐길 수 있는 카페 공간이 마련돼 있다. 카페는 1인 1메뉴 주문을 원칙으로 하고 있다. 가격이 저렴한 편은 아니지만 선물용 제품을 구입하거나, 일본식 양과자와 구움과자 등을 경험하기에 좋은 곳이다.

KYOTO

## 100여 년의 역사를 담은 베이커리
# 신신도 Shinshindo

**Address** 京都府京都市中京区三条通河原町東入ル中島町74ロイヤルパークホテル ザ 京都 1F
(교토부 교토시 나카교구 산조도리 가와라마치 히가시이루 나카지마초 74 로얄 파크 호텔 더 교토 1층)
**Direction** 도자이선산요 게이한역 산요도리 서쪽 출구에서 100m
**Contact** +81-75-241-1179
**Opening Hours** 7:00~22:00

'신신도'는 1913년 오픈해 100년이 넘는 역사를 자랑하는 교토의 대표적 베이커리 중 한 곳이다. 신신도의 창업자 히토시 쓰즈키(Hitoshi Tsuzuki)는 프랑스를 방문한 최초의 일본인 제빵사로 기록된다. 신신도는 1952년 일본 최초로 슬라이스한 식빵을 판매하기 시작했고 이런 까닭에 신신도의 식빵은 지금까지 스테디셀러로 굳건히 자리하고 있다. 세월이 흐른 현재 신신도는 베이커리 카페의 특성이 강하다. 레트로 모던 풍의 매장 내부로 들어가면 왼편에는 베이커리가, 오른편에는 넓은 좌석 공간이 마련돼 있다. 제품은 하드계열 빵, 크로켓, 식빵, 앙금빵, 크림빵, 페이스트리 빵 등 선택의 폭이 넓다. 브런치나 간단한 식사 메뉴도 있는데 가장 인기가 높은 것은 아침 빵 뷔페다. 7시부터 즐길 수 있어 특히 로얄 파크 호텔을 비롯한 주변 숙박객들이 합리적인 가격에 좋은 퀄리티의 조식을 먹을 수 있는 것이 장점이다. 식사 메뉴를 주문하면 신신도의 빵을 무한리필로 먹을 수 있다. 점심에는 햄버거, 파스타, 파이 등 빵과 음료를 결합한 세트 메뉴를 선보인다. 현지인들에게 친숙한 동네빵집인 만큼 주방에서는 끊임없이 제품이 구워져 나온다. 여느 곳처럼 트렌디하고 화려한 스타일의 윈도 베이커리는 아니지만 오랜 역사와 저력을 지닌 일본 특유의 베이커리가 궁금하다면 주저 없이 추천하고 싶다.

TOKYO / OSAKA / KYOTO / FUKUOKA

## KYOTO
### 교토풍 건물에서 특색 있는 플레이트 디저트를
# 아상블라주 가키모토 ASSEMBLAGES KAKIMOTO

**Address** 京都府京都市中京区竹屋町通寺町西入る松本町587-5
(교토부 교토시 나카교구 다케야마치도리 데라마치 니시이루 마쓰모토마치 587-5)
**Direction** 게이한본선 진구마루타마치역에서 550m
**Contact** +81-75-202-1351
**Opening Hours** 12:00~19:00, 디너 18:00~23:00, 화·둘째 및 넷째 주 수 휴무

2016년 4월, 교토에 혜성처럼 등장한 '아상블라주 가키모토'. 평범하지 않은, 개성 만점 디저트를 선보이는 곳으로 유명한 아상블라주 가키모토는 가키모토 아키히로 셰프가 운영하는 파티스리다. 그는 '쿠프 뒤 몽드 드 라 파티스리 2011'에서 얼음 조각 부문상을 받았으며 '월드 초콜릿 마스터즈 2011'에서 4위에 입상한 실력파 파티시에. 아상블라주 가키모토의 상징은 교토의 상가를 개조한 예스런 외관과 쓰보니와(坪庭)가 보이는 카운터 자리, 고객의 눈앞에서 만드는 플레이트 디저트라고 할 수 있다. 그중 하나인 대표메뉴 '테 베르'는 교토산(産) 말차를 사용한 에스푸마, 교토의 노포 화과자점에서 만든 규히 등으로 구

성돼 있다. 손님에게 낼 때는 따뜻한 초콜릿 소스를 위에 부어주는데, 청유자 껍질을 곁들인 초콜릿 뚜껑이 스르르 녹아내리면서 흥미로운 비주얼이 연출된다. 월드 초콜릿 마스터즈 토너먼트 2018의 일본 예선 우승작을 재해석한 '퓨처 뮤지엄'은 초콜릿, 샐러리, 자몽을 조합한 아이디어가 돋보인다. 프티 가토들도 다양하게 준비돼 있다. '아상블라주A'는 월드 초콜릿 마스터즈 토너먼트 2011 일본 예선전에서 우승한 작품을 새롭게 리뉴얼한 것으로, 초콜릿, 캐러멜, 통카 빈, 바나나, 레몬을 사용해 다채로운 맛과 식감을 표현했다. '아상블라주B'는 화이트 초콜릿 무스에 딸기, 패션프루츠, 아몬드 프랄리네를 매치시킨 제품이다. 컵케이크처럼 생긴 초콜릿 봉봉도 눈길을 끈다. 차조기 잎, 산초 잎, 묘가(양하) 팡플르무스, 타르트 폼므 등 독특한 플레이버로 마련돼 있다.

# Nishijin / Yakuin 니시진/야쿠인

FUKUOKA

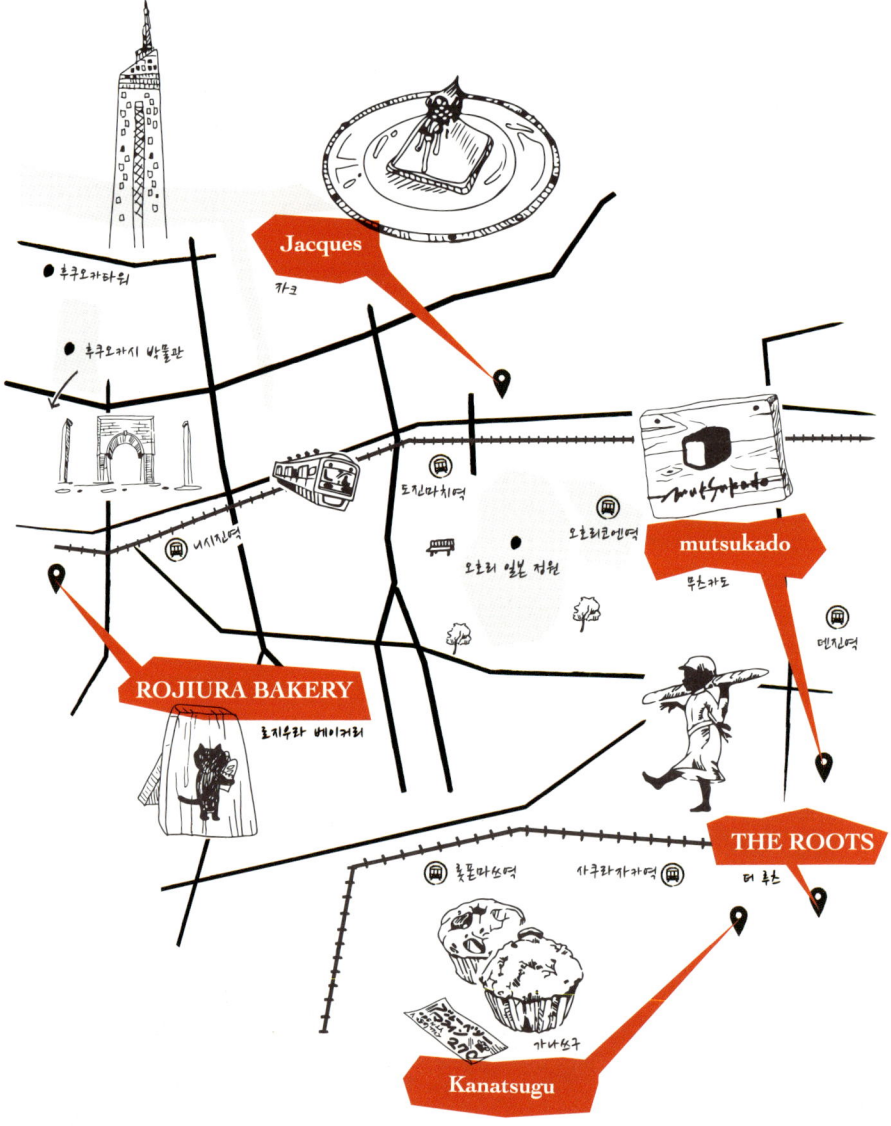

# 골목 안 분위기 있는 작은 빵집
## 로지우라 베이커리 ROJIURA BAKERY

**Address** 福岡県福岡市早良区西新5-6-5 1F(후쿠오카현 후쿠오카시 사와라구 니시진 5-6-5 1층)
**Direction** 후쿠오카공항선 니시진역 2번 출구에서 342m
**Contact** +81-92-847-7710
**Opening Hours** 월 9:00~17:30, 목~일 9:00~17:30, 화·수 휴무

니시진역 2번 출구로 나와 파칭코, 노래방, 이자카야 등이 모여 있는 시장 길을 쭉 따라 들어가다 작은 골목으로 방향을 틀면 초입에서 '로지우라 베이커리'를 발견할 수 있다. 나무 소재의 문과 창틀에서 느껴지는 자연주의적 감성이 보자마자 호감을 불러일으키는 빵집이다. 골목이 주는 특유의 매력이 더해져 기념 사진을 남기기에도 좋다. 매장은 성인 4명 정도가 들어가면 꽉 찰 정도로 작은 편이다. 로지우라 베이커리는 하드계열 빵을 중심으로 판매하고 있는데 가장 인기가 높은 품목은 명란 바게트, 앙버터, 바게트 등이다. 퀴니아망 또한 먹음직스런 비주얼로 손님들을 유혹한다. 손바닥 크기의 명란 바게트는 짭조름한 맛에 혀가 자극될 정도지만, 바삭하고 쫄깃한 바게트 반죽의 담백함에 감칠맛이 어우러져 기분 좋게 꿀떡꿀떡 넘어간다. 한편, 이곳의 앙버터는 바게트 사이에 버터를 주사위 모양으로 잘라 넣은 것이 특징이다. 겉은 바삭, 속은 부드럽고 찰진 바게트를 베어 물면 로지우라 베이커리의 하드계열 빵의 완성도가 얼마나 높은지를 알 수 있다.

FUKUOKA

후쿠오카의 유명 식빵 전문점
# 무츠카도 mutsukado

**Address** 福岡県福岡市中央区薬院2-15-2(후쿠오카현 후쿠오카시 주오구 야쿠인 2-15-2)
**Direction** 나나쿠마선 야쿠인오도리역 1번 출구에서 193m
**Contact** +81-92-726-6079
**Opening Hours** 월~토 10:00~20:00, 일휴무

'무츠카도'는 후쿠오카의 유명 식빵 전문점으로 야쿠인 지역에 본점을, 하카타역 아뮤프라자 5층에 분점을 두고 있다. 본점은 야쿠인오도리역에서 멀지 않은 여섯 갈래 길 모퉁이에 자리하고 있는데 매우 작은 매장임에도 일부러 찾아오는 내외국인들의 발걸음이 이어진다. 매장으로 들어서면 오른편에는 생산 공간, 왼편에는 전담으로 빵을 써는 직원이 작업할 수 있도록 공간이 마련돼 있는데, 통유리창을 통해 밖에서도 그 모습을 볼 수 있다. 식빵 옆면에 보이는 귀여운 식빵 모양 로고는 무츠카도의 상징. 가장 큰 인기를 누리는 것은 화이트 브레드 식빵이며 이밖에도 유자 식빵, 녹차 식빵, 식빵 러스크, 프렌치 토스트까지 식빵으로 만든 모든 제품을 찾아볼 수 있다. 식빵 2장 사이에 커스터드 크림을 얇게 바른 후 달걀물에 적셔 구워낸 프렌치 토스트는 촉촉하고 단맛이 도드라지는 편이다. 매장 한쪽 편에는 잼도 따로 판매하고 있다.

한편 무츠카도 하카타역 분점은 식빵류만 파는 본점과 달리 베이커리 카페 형태로 운영되고 있다. 분점만의 음료군과 식빵을 이용한 다양한 메뉴를 제공하고 있는데 특히 '프루츠 산도'와 '다마고 샌드위치'가 인기제품이라고. 하카타역을 이용할 경우 들러보면 좋을 듯하다.

## 자연친화적인 소박함이 매력
# 베이커리 가나쓰구 Bakery Kanatsugu

**Address** 福岡県福岡市中央区古小鳥町81-3 シャンボール桜坂 101
(후쿠오카현후쿠오카시주오구후루코가라스마치 81-3)
**Direction** 나나쿠마선 사쿠라자카역 1번 출구에서 461m
**Contact** +81-92-775-5854
**Opening Hours** 8:00~18:00, 월휴무

별다른 간판이 없이 철제로 만들어진 글씨 로고만이 벽에 소박하게 장식돼 있는 '베이커리 가나쓰구'. 아파트 건물로 올라가는 계단에 위치해 자칫하면 지나치기 쉽다는 것이 유일한 단점이다. 소박한 외관을 가진 베이커리 가나쓰구의 문을 열면 러프하면서도 개성을 담은 공간이 눈에 들어온다. 꽤 넓은 부분을 작업장으로 할애하고 전면에는 널따란 목재 테이블을 두어 정성스럽게 만든 귀여운 빵들을 진열했다. 이곳의 특징은 천연 효모와 일본산(産) 밀가루를 사용한 빵을 주력으로 선보인다는 것이다. 제품의 비중은 하드계열빵과 단과자빵이 적절히 조화를 이룬다. 추천 메뉴는 '무화과 크림치즈 캉파뉴', '블루베리 머핀', '크림치즈 단팥빵' 등이다. 무화과 한 알이 통째로 들어있는 무화과 크림치즈 캉파뉴는 아낌없이 넣은 크림치즈와 절인 무화과가 어우러져 먹으면 먹을수록 빠져드는 맛이다. 블루베리 머핀은 부드러운 머핀 반죽 속에 블루베리 알갱이가 싱그럽게 씹힌다. 일본산 밀을 사용해 만드는 자연친화적인 빵을 표방하는 만큼 맛에서도 가벼움과 친근함이 느껴진다.

## 감칠맛 나는 하드계열 빵을 만날 수 있는 곳
## 더 루츠 - 네이버후드 베이커리 THE ROOTS

**Address** 福岡県福岡市中央区薬院4-18-7 [후쿠오카현 후쿠오카시 주오구 야쿠인 4-18-7]
**Direction** 나나쿠마선 야쿠인오도리역 2번 출구에서 149m
**Contact** +81-92-526-0150
**Opening Hours** 8:00~19:00, 월 휴무

야쿠인오도리역 근방에 위치한 '더 루츠' 베이커리는 베이커리 가나쓰구에서 멀지 않아 함께 방문하기 좋은 곳이다. 주택가 골목 안쪽으로 들어가 있는 편이라 한눈에 찾기엔 쉽지 않을 수도 있지만, 빵을 든 소년이 그려져 있는 샛노란 색의 입간판이 행인들의 시선을 끈다. 매장 앞에는 2대 정도의 주차 공간이 있으며 직원들의 친절한 응대로 인해 첫 방문부터 기분 좋은 인상을 받게 된다. 더 루츠의 제품은 베이글과 식빵, 시오팡 등의 세미 하드계열 빵 위주인데 애주가인 오너셰프의 의지에 따라 맥주나 와인 등의 술과 잘 어울리는 빵을 선보이는 것이 특징이다. 인기상품은 '깨 베이글', '초콜릿 오렌지 베이글', '시오팡' 등으로 특히 시오팡은 방문객들이 꼭 하나씩 담아가는 제품. 베이글의 경우 질깃한 느낌보다는 쫀득한 식감에 가깝다. 깨 베이글은 고소한 깨 빵을 연상시키고 초콜릿 오렌지 베이글은 오렌지 필의 향긋함이 코끝에 느껴질 정도로 생생하다. 이밖에 세이버리 빵과 팩 음료도 구비돼 있다.

# 후쿠오카가 자랑하는 인기 파티스리
## 자크 Jacques

**Address** 福岡県福岡市中央区荒戸3-2-1(후쿠오카현 후쿠오카시 주오구 아라토 3-2-1)
**Direction** 공항선 오호리코엔역 1번 출구에서 354m
**Contact** +81-92-762-7700
**Opening Hours** 10:00~19:00, 월·화 휴무

'자크'는 후쿠오카에서 이른바 가장 잘 나가는 파티스리. 를레 데세르의 회원인 오츠카 요시나리 셰프의 가게다. 오호리 공원에서 멀지 않은 주택가에 위치하고 있어 함께 묶어 하루 일정으로 잡으면 좋은 곳. 오호리 공원을 산책한 후 당 충전이 필요할 때쯤 자크에서 맛있는 케이크와 시원한 커피 한 잔을 마시면 피곤함이 한꺼번에 녹아내린다. 하얀 외관의 모던한 2층 건물로 들어가면 외부와는 달리 견고함이

묻어나는 인테리어가 눈길을 끈다. 앤티크한 진열대 위로 구움과자들과 와인색 패키지들이 고급스러움을 더하고, 쇼케이스 너머로 형형색색의 정교한 케이크들이 눈길을 사로잡는다. 제품 구성은 알자스풍의 구움과자, 초콜릿, 잼 등으로 다양하지만 사실 오츠카 셰프의 개성을 가장 잘 드러내는 제품은 무스케이크, 밀푀유 등의 가토. 향과 다채로운 식감이 조화를 이루며 선사하는 섬세한 맛은 가히 환상적이다. 계절에 따라 각각 다른 재료를 사용한 무스케이크들 중 시그니처메뉴인 '자크'는 서양배를 꿀에 소태해 얻은 즙과 서양배 리큐르를 섞어 사용하는 것이 비법으로, 입 안에 남는 풍미가 인상 깊다. 초콜릿 제품은 9월부터 이듬해 4월까지만 선보이며, 초콜릿에 최적화된 온도로 맞추어진 공간이 있음에도 불구하고 제품의 최고 상태를 유지하기 위해 여름 시즌에는 일절 생산하지 않는다. 매장에서 디저트를 먹고 갈 시간적 여유가 없다면 구움과자를 구매해보자. 여행 중간중간 간식용으로도, 선물용으로도 안성맞춤이다.

FUKUOKA

# Hakata / Hakozaki 하카타/하코자키

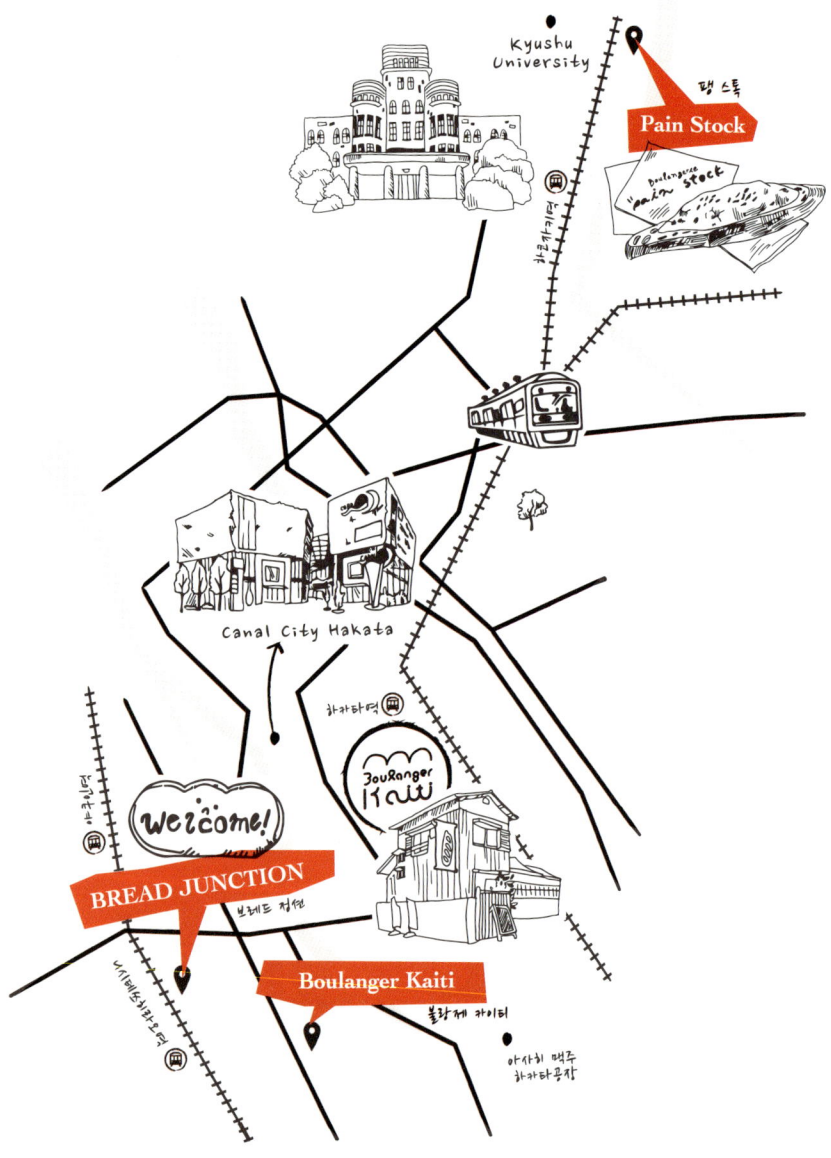

## 동네 곳곳에서 만날 수 있는 편안한 동네빵집
## 브레드 정션 BREAD JUNCTION

**Address** 福岡県福岡市南区高宮 3-7-4 アキヤマビル 1F
[후쿠오카현 후쿠오카시 미나미구 다카미야3-7-4 아키야마빌딩 1층]
**Direction** 니시테쓰 덴진 오무타선 타카미야역 서쪽출구에서 112m
**Contact** +81-92-533-1655
**Opening Hours** 8:00~19:00, 셋째주 목 휴무

흰 벽에 그린 귀여운 일러스트, 귀여운 빵 모양 로고가 담긴 문 손잡이, 따뜻한 느낌의 매장 내부까지 정감 넘치는 동네빵집 '브레드 정션'. 노르스름하게 잘 튀겨진 '카레빵'은 이곳의 인기메뉴. 폭신한 속살과 담백하고 부드러운 생크림이 매력적인 '생크림 모카번'도 빠질 수 없는 인기제품이다. 크림빵, 소시지빵, 모카빵 등 기본 빵부터 세이버리 빵, 디저트 빵 등 다양한 메뉴에 가격까지 저렴해 지역 주민들에게 사랑받고 있는 지역밀착형 베이커리다. 현재 니시진, 다카미야, 이지리, 후쿠시게에 지점을 두고 있는데 특히 이지리, 메이노하마점의 경우 다카미야 지점과 달리 매장 내에 보다 넓은 내부 공간이 마련돼 있어 이트인이 가능하다.

## 최고의 카레 크로켓을 맛볼 수 있는 곳
# 불랑제 카이티 Boulanger Kaiti

**Address** 福岡県福岡市南区玉川町18-32 (후쿠오카현 후쿠오카시 미나미구 다마가와마치 18-32)
**Direction** 니시테쓰 덴진 오무타선 타카미야역 서쪽출구에서 443m
**Contact** +81-92-408-7976
**Opening Hours** 10:00~19:00, 월휴무

주택가 사이, 목재와 흰색 벽으로 이루어진 높은 층고의 건물 외관이 인상적인 '불랑제 카이티'. 인스타그램에 숱하게 등장하는 후쿠오카 베이커리 카페 중 한 곳이다. 제품군은 하드계열과 소프트계열 빵이 골고루 구성돼 있는데, 이중 단연 으뜸은 고기가 듬뿍 들어간 '카레 크로켓'이다. 간이 딱 알맞은 카레소, 쫄깃한 빵, 겉면의 비삭한 튀김옷이 입 안에서 어우러지며 선사하는 맛과 식감의 완벽한 조화에 감탄사가 튀어나온다. 음료 메뉴는 블랙 커피와 카페 라테 정도로 단순한 편. 공간이 넓고 편안한 분위기인 만큼 앉아서 쉬고 가는 여유로움을 느낄 수 있을 것이다.

| FUKUOKA | 후쿠오카 빵 순례의 성지 |
|---|---|
| | **팽 스톡** Pain Stock |

**Address** 福岡県福岡市東区箱崎6-7-6 (후쿠오카현 후쿠오카시 히가시구 하코자키 6-7-6)
**Direction** 하코자키선 하코자키큐다이마에역에서 649m
**Contact** +81-92-631-5007
**Opening Hours** 10:00~19:00, 월·첫째주 및 셋째주 화 휴무

말이 필요 없는 빵집. 후쿠오카를 방문한 순례자라면 반드시 들러야 할 곳이라고 감히 단언할 수 있다. 어떤 것을 선택해도 만족할 만큼 깊은 내공의 맛이 느껴진다. '팽 스톡'이 위치한 하코자키큐다이마에역 근방은 주택가처럼 고요하고 별다른 인기척도 느껴지지 않지만 팽 스톡만은 예외다. 줄지어 매장으로 들어서는 손님들, 친절한 직원들의 에너지로 매장이 활기차다. 주방에서는 계속 빵이 만들어지고

홀직원들은 능수능란하게 빵을 진열한다. 팽 스톡의 인기메뉴는 '명란 바게트', '초콜릿 빵', '조개 빵' 등이다. 명란 바게트는 25㎝ 정도 길이의 바게트에 명란이 풍성하게 샌드돼 있다. 올리브 오일이 자작하게 깃든 명란 페이스트는 한껏 촉촉하게 빵과 어우러져 부드러운 식감을 선사한다. 명란 또한 마냥 짠 것이 아니라 알싸한 매운 맛이 느껴지고 풍미가 깊다. 갓 나온 초콜릿 빵은 겉은 바삭하지만 속은 퐁당 오 쇼콜라처럼 쌉싸래하고 진한 초콜릿이 촉촉하게 들어가 있어 식어도 딱딱하지 않고 꾸덕한 식감을 느낄 수 있다. 매장에는 특별히 주차장이 딸려 있으니 차로 이동하는 여행객들도 편하게 이용할 수 있을 듯하다.

# Tuileries / Montmartre 튈르리 / 몽마르트

PARIS

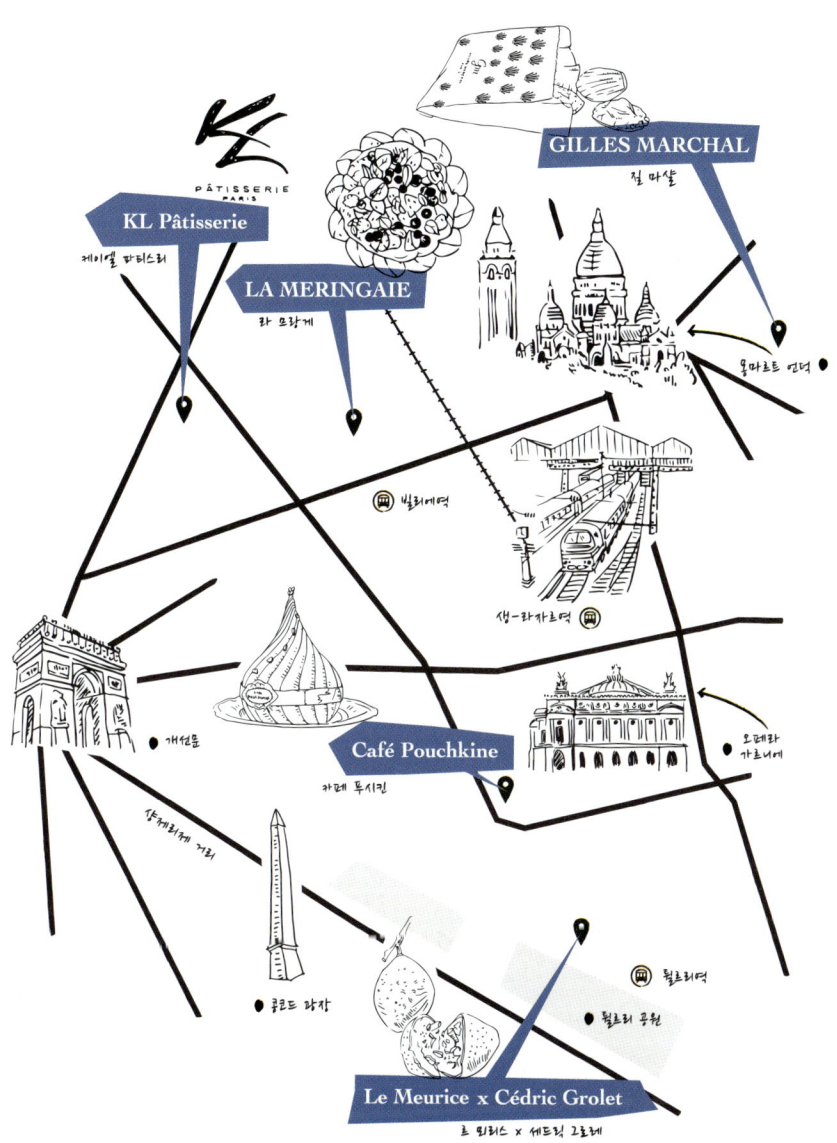

PARIS

현재 가장 핫한 화제의 파티스리
# 르 뫼리스 × 세드릭 그로레 Cedric Grolet

**Address** 6 Rue de Castiglione, 75001 Paris
**Direction** 1호선 튈르리역에서 300m
**Contact** +33-1-44-58-10-10
**Opening Hours** 12:00~16:00, 월휴무

2017년 월드 베스트 페이스트리 셰프상을 수상하며 오늘날 단연 최고의 인기를 누리고 있는 세드릭 그로레 셰프. 제과용품 회사에서는 아예 그의 과일 디저트에 영감을 받아 몰드까지 생산할 정도라니 과연 그의 인기가 얼마나 대단한지 상상할 수 있다. 그런 그가 올해 3월에는 르 뫼리스 호텔에 세드릭 그로레의 이름을 내세운 디저트 매장을 열어 화제다. 르 뫼리스 호텔은 파리 1구에 위치해 루브르 박물관, 튈르리 정원과 아주 가깝기 때문에 제품을 테이크아웃해서 튈르리 정원에 앉아 맛보는 것도 좋겠다. 매일 정오에 오픈해서 오후 4시까지 짧은 시간만 운영하므로 일찍 가서 줄을 서지 않으면 제품이 매진돼 허탕을

치는 참사를 겪을 수 있다. 오픈 시간 30분 전쯤에 갈 것을 가장 권한다. 너무나 잘 알려진 '시트롱', '누아제트'는 안에 비스퀴가 전혀 들어가지 않고 크림과 콩피로만 구성된 디저트다. 과일의 맛과 '심플함'을 최대한 살리기 위해 고심한 제품이란다. 프랑스 전통 파티스리를 어떻게 재해석했는지가 궁금하다면 '파리 브레스트'를 맛보길 추천한다. 바삭한 슈, 캐러멜, 프릴리네의 소화가 지금껏 맛본 파리 브레스트 중 최고라고 감히 단언할 수 있다. 특히 프랑스 최고의 헤이즐넛이라 불리는 피에몽 지역의 헤이즐넛을 아낌없이 사용해 씹을 때마다 헤이즐넛 특유의 향과 고소함이 풍성하게 느껴진다.

## 보석같이 화려한 프랑스식 러시아 디저트
# 카페 푸시킨 Café Pouchkine

**Address** 16 Place de la Madeleine, 75008 Paris
**Direction** 8, 12, 14호선 마들렌역에서 60m
**Contact** +33-1-53-43-81-60
**Opening Hours** 월~토 7:30~23:00, 일 10:00~18:00

프랑스식 러시아 디저트를 파는 고급 '살롱 드 테' 이자 제과점인 '카페 푸시킨'. 본점이 마들렌 거리에 위치해 콩코드 광장을 둘러본 후 산책하며 찾아가기에 안성맞춤이다. 마치 러시아 왕궁에 있는 듯한 착각을 주는 화려한 내부는 물론, 보석같이 섬세한 디자인의 케이크 하나하나가 먹기 아깝다는 생각이 들 정도로 인상적이다. 대표제품은 러시아의 전통 케이크인 '메도빅'인데, 벌꿀 향을 은은하게 머금은 촉촉한 시트와 우유잼을 섞어서 맛을 낸 크림이 잘 어울린다. 여러 종류의 초콜릿을 사용해 만든 '세자르'와 베리류를 아낌없이 넣은 '파블로바'도 최고의 인기메뉴다. 매장에서 먹고 가는 경우에는 테이크아웃할 때보다 가격이 높지만 푹신한 의자에 앉아 잔잔한 음악을 들으며 휴식을 취하다 보면 시간 가는 줄 모를 것이다. 출출함을 달래줄 간단한 브런치나 식사 메뉴도 갖춰져 있다. 생토노레 거리를 구경한 다음 잠시 차 한 잔의 여유가 필요하다면 카페 푸시킨이 정답이다.

# 머랭의 재발견
## 라 므랑게 LA MERINGAIE

**Address** 21 Rue de Lévis, 75017 Paris
**Direction** 2, 3호선 빌리에역에서 120m
**Contact** +33-1-44-71-94-16
**Opening Hours** 화~금 10:00~20:00, 토 9:00~20:00, 일 9:00~19:00

'라 므랑게'는 파리에 불어온 단일 제품 매장 트렌드의 중심에 있는 숍들 중 한 곳이다. '파블로바'를 현대적으로 재창조한 베리에이션 제품을 선보이고 있는데 현재 파리에 2개의 매장을 운영 중이다. 라 므랑게의 제품은 파블로바를 구성하는 머랭, 크렘 푸에테, 과일 이 3가지 큰 틀에서 벗어나지 않는다. 머랭은 겉이 바삭하고 속은 마치 껌처럼 말랑말랑한 식감을 자랑하는 것이 특징이다. 기본 레시피는 총 5가지. 라임 향을 낸 크림, 프랑부아즈, 패션프루츠가 합쳐진 '페라지', 초콜릿 크림, 배, 프랑부아즈를 조합한 '펠리시테', 코코넛 크림, 망고, 키위, 석류를 넣어 만든 '데지레', 티무트 후추 크림, 오렌지, 블러드 오렌지, 자몽이 들어간 '오노린', 오렌지 크림, 오렌지, 블러드 오렌지, 패션푸르츠가 어우러진 '젤리' 등이다. 라 므랑게의 피디시에들은 매주 3가지 클래식 레시피와 2가지 오리지널 레시피를 선보이며 단일 품목 매장임에도 고객들에게 다양한 제품을 제공한다. 케이엘 파티스리와 멀지 않은 거리에 위치해 있으므로 함께 들르기 좋다.

## 파티스리의 심플한 미학
## 케이엘 파티스리 KL Pâtisserie

**Address** 78 Avenue de Viliers, 75017 Paris
**Direction** 3호선 와그람역에서 64m
**Contact** +33-1-45-71-64-84
**Opening Hours** 화~금 9:00~19:30, 토 9:30~19:30, 일 9:30~18:30, 월 테이크아웃만 가능

'케이엘 파티스리'는 다채로운 경력을 지닌 케빈 라코트 셰프가 지난 2016년 오픈한 곳이다. 나무 바닥, 자연스럽게 마감된 시멘트 벽, 메탈 소재의 쇼케이스가 어우러진 매장 내부는 모던함과 편안함이 적절하게 공존한다. 부드러운 조명과 통유리 창으로 들어오는 자연광은 한층 더 분위기를 살린다. 살롱 드 테 콘셉트로 꾸며진 이곳에서는 '팽 페르뒤', '밀푀유', '타르트 수플레 쇼콜라' 등의 메뉴를 주문 즉시 만들어 제공하고 있다. 주방에는 큰 창을 두어 작업 중인 직원들의 모습을 볼 수 있으며, 라코트 셰프와 함께하는 아틀리에 수업도 진행된다. 자연이 준 재

료 본연의 맛과 시각적인 아름다움을 지키고자 하는 라코트 셰프는 색소나 보존제 등을 넣지 않고 다양한 재료를 매치시켜 새로운 맛을 창조하는 데 주력한다. 최근 파리를 강타한 대형 프랜차이즈 브랜드 열풍 속에서도 철저히 장인 정신을 고수하며 1년 반이라는 짧은 시간 동안 가파른 성장을 보인 케이엘 파티스리. 연일 매스컴과 블로그 등에서 '파리에서 꼭 가봐야 하는 파티스리' 중 한 곳으로 언급되고 있다.

## 정갈하고 산뜻한 분위기의 마들렌 맛집
## 질 마샬 GILLES MARCHAL

**Address** 9 Rue Ravignan, 75018 Paris
**Direction** 12호선 아베스역에서 185m
**Contact** +33-1-85-34-73-30
**Opening Hours** 8:00~20:00, 월휴무

언제나 활기를 잃지 않는 몽마르트 지구. 파리에서 보기 드문 가파른 언덕길을 올라가며 마주하는 작은 골목들은 가로등 하나만으로도 낭만이 넘친다. 플라자 아테네, 브리스톨 등 파리 최고급 호텔을 중심으로 활동하던 질 마샬 셰프는 2014년 이곳에 자리를 잡았다. 마들렌의 본고장으로 유명한 로렌 지방 출신인 그에게 마들렌은 그의 인생이 녹아있는 특별한 제품이다. 오픈 당시부터 시그니처메뉴로 마들렌을 꼽은 질 마샬 셰프는 매장 입구의 손잡이, 블라인드까지 마들렌 형상으로 장식할 만큼 이 제품에 대한 애정이 남다르다. 기본 마들렌은 공기를 석당히 머금어 한없이 가벼운 맛으로 마들렌의 정석이라 할 수 있다. 이밖에 피스타치오, 초콜릿, 레몬, 산딸기, 프랄리네, 트뤼프 누아 등 다양한 재료로 글라사주나 충전물을 만들어 마들렌에 접목시켰다. 마들렌 외에도 클래식하면서 질 마샬 셰프만의 개성을 담은 프티 가토와 밀푀유에서는 그의 탄탄한 실력을 느낄 수 있다. 파리에서 손꼽히는 맛이라는 평을 듣는 그의 밀푀유를 맛보려면 사전 주문이 필수다. 근처에는 2010, 2015년 파리 전통 바게트 대회에서 우승한 빵집 '르 그르니에 아 팽'도 있으니 참고하자.

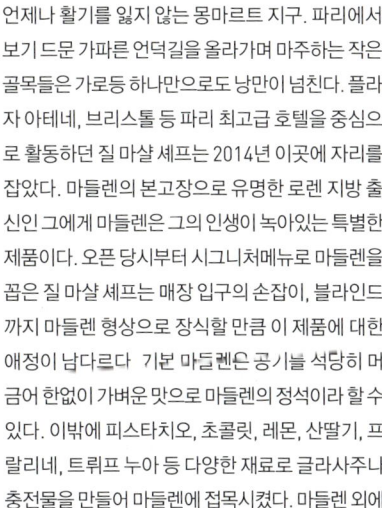

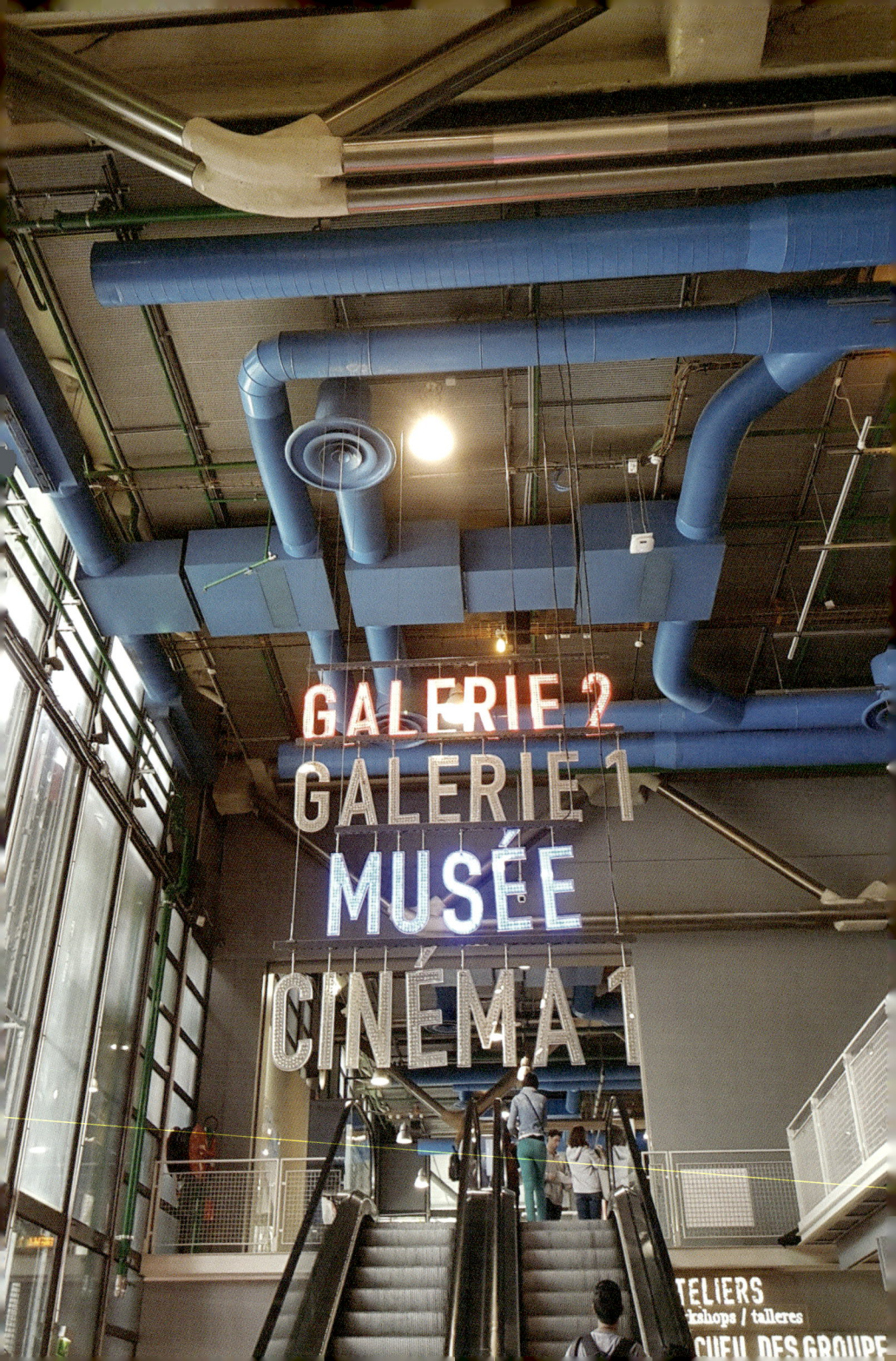

# Le Marais / République 마레 지구 / 레퓌블리크

PARIS

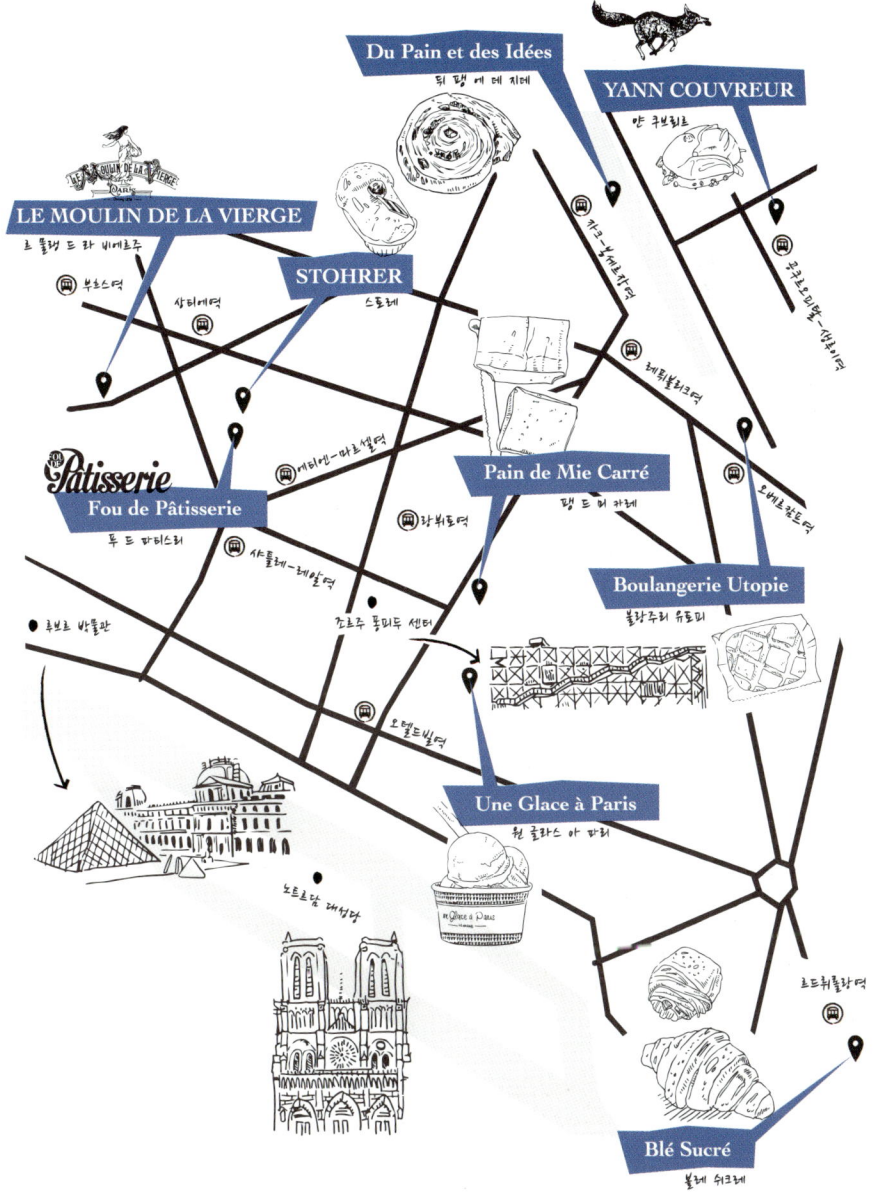

> PARIS
> 
> 작은 골목에 위치한 비엔누아즈리의 성지
> # 블레 쉬크레 Blé Sucré

**Address** 7 Rue Antoine Vollon, 75012 Paris
**Direction** 8호선 르드류-롤랑역에서 103m
**Contact** +33-1-43-40-77-73
**Opening Hours** 화~토 7:00~19:30, 일 7:00~13:30, 월 휴무

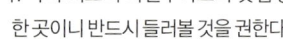

'블레 쉬크레'는 평범한 모노톤 외관, 3명 정도 들어가면 꽉 찰만한 작은 매장이지만 방문객들의 긴 줄이 골목을 가득 메울 정도로 인기를 끌고 있다. 쇼케이스에는 클래식한 제품부터 독창적인 제품까지 다양한 디저트가 진열돼 있다. 매장이 위치한 거리명을 본떠 만든 '르 볼롱', 초콜릿 바 '스니커즈'를 오마주한 '르 스니커즈' 등의 제품에서는 셰프의 재기발랄함을 간접적으로 느낄 수 있다. 비교적 저렴한 가격 또한 인상적이다. '팽 오 쇼콜라'와 '크루아상'은 봉투에서 제품을 꺼내자마자 버터의 향이 진하게 느껴져 강렬한 첫인상을 남긴다. 표면의 바삭함 뒤에 구름같이 가볍고 부드럽게 녹아드는 크림은 허를 찌른다. 파리 최고의 비엔누아즈리 맛집 중 한 곳이니 반드시 들러볼 것을 권한다.

## 특색 있는 아이스크림 디저트
# 윈 글라스 아 파리 Une Glace à Paris

**Address** 15 Rue Sainte-Croix de la Bretonnerie, 75004 Paris
**Direction** 1, 11호선 오텔 드 빌역에서 365m
**Contact** +33-1-49-96-98-33
**Opening Hours** 수~금 13:00~20:00, 토·일 12:00~20:00, 월·화 휴무

파리에서 최고로 꼽히는 아이스크림 장인 엠마뉴엘 르용 셰프가 야심차게 준비한 아이스크림 가게 '윈 글라스 아 파리'는 프랑스에서도 드물게 아이스크림으로 만든 앙트르메를 주력으로 선보이는 곳이다. 접하기 힘든 '바 슈랭', '오믈레트 누르베지엔느' 등을 먹기 좋게 작은 크기로 판매하는 점도 참신하다. 우리나라에서는 아이스크림을 더운 계절에만 찾지만 프랑스에서는 아이스크림 케이크가 전통 케이크의 한 종류에 포함될 정도로 계절에 관계없이 글라스류를 먹는 문화가 보편화돼 있다. 윈 글라스 아 파리의 장점은 '계절마다 바뀌는 신선한 아이스크림'이라고 할 수 있는데, 딸기 철에는 신선한 딸기로 만든 소르베와 아이스크림이 메뉴의 주를 이룬다. 특히 딸기 소르베와 바닐라 아이스크림을 조합해 만든 야심작 '프레지에 글라스'는 시판용 냉동 딸기를 사용하지 않고 제철 생딸기를 급속 냉동시켜 만들기 때문에 더욱 신선하게 즐길 수 있다.

PARIS

일상에서 천국의 맛을 경험하다
## 블랑주리 유토피 Boulangerie Utopie

**Address** 20 Rue Jean-Pierre Timbaud, 75011 Paris
**Direction** 5, 9호선 오베르캄프역에서 100m
**Contact** +33-9-82-50-74-48
**Opening Hours** 7:00~20:00, 월휴무

'블랑주리 유토피'는 벼룩시장으로 유명한 파리 11구에 위치한 작은 빵집이다. 15년 지기의 두 친구가 의기투합해 운영하고 있는 이곳은 2016년 프랑스 방송 채널 M6에서 방영한 '최고의 빵집'에서 우승을 거머쥐며 더 유명세를 얻었다. 주말에도 아침부터 갓 구운 빵을 사러 나온 손님들로 인산인해를 이룬다. 향이 좋고 구수하기로 정평이 난 바게트나 호밀빵의 경우 굽기가 무섭게 팔려나간다. 특히 '폴카 호밀빵'은 바삭한 크러스트에 마치 백설기를 먹는 듯 쫀득한 식감의 크럼이 인상적이다. 식감과 향 모두 훌륭해 버터만 살짝 발라 먹어도 뛰어난 풍미를 만끽할 수 있다. 블랑주리 유토피의 특징은 디저트 또한 뛰어난 퀄리티를 자랑한다는 것이다. 망고와 고수를 사용해 만든 '망고 타르트'와 푸른색 글라사주가 눈에 띄는 '블루베리 타르트'도 인기절정이다. 특히 망고 타르트의 경우 고수의 맛이 강하지 않고 은은한 편이기 때문에 고수 향에 거부감을 갖는 이들도 부담 없이 즐길 수 있다. 바삭한 타르트 셸과 부드러운 맛의 망고 무스, 청량감이 감도는 바닐라-고수 크림이 적절하게 어우러져 먹는 순간 여름 휴양지에 온 듯한 기분이 든다. 매장 한쪽 편에 간이 테이블이 있어 잠시 먹고 갈 수 있지만 항상 북적이는 손님들로 매장 안이 꽉 차 있는 편이니 포장해서 주변을 산책하며 맛볼 것을 권한다.

PARIS

## 고전은 늘 옳다
# 르 물랭 드 라 비에르주 LE MOULIN DE LA VIERGE

**Address** 10 Place des Petits Pères, 75002 Paris
**Direction** 3호선 부흐스역에서 287m
**Contact** +33-1-42-60-02-78
**Opening Hours** 7:00~20:00

파리의 민담 중 하나로 전해오는 '풍찻간 처녀'를 모티브로, 약 100년 전 문을 연 '물랭 드 라 비에르주'는 오늘날까지 가업을 잇고 있는 제과점이다. 현재 파리에 3곳의 매장을 운영하고 있는데, 제품 자체는 투박하고 수수하지만 무엇 하나 허투루 만든 것이 없다. '투박하게' 잘 만들어진 빵이 무엇인가를 보여주는 좋은 예라고 나 할까. 크루아상이나 빵도 유명하지만 파티스리 제품도 주목할 만하다. '바닐라 밀푀유', '커피 에클레르', '플랑' 등 프랑스의 어느 제과점에서나 찾아볼 수 있는 기본적인 제품들이지만 한 번 맛을 보면 '고전은 늘 옳다'는 말을 실감하게 된다. 물랭 드 라 비에르주에 가면 꼭 맛봐야 하는 바닐라 밀푀유는 입 안에서 날아다니는 듯 가볍고 바삭한 식감의 파트 푀이테와 바닐라 빈, 버터가 풍부하게 들어간 크렘 파티시에르가 완벽한 조화를 이룬다. 3곳의 매장 중 2구에 위치한 빅투아르 매장은 한식·일식당이 밀집한 피라미드역과 가까워 식사 후 가볍게 디저트를 먹을 겸 들르기에 좋다.

## 250여 년 역사를 자랑하는 최고의 바바 오 럼 맛집
## 스토레 STOHRER

**Address** 51 Rue Montorgueil, 75002 Paris
**Direction** 4호선 에티엔-마르셀역에서 236m
**Contact** +33-1-42-33-38-20
**Opening Hours** 7:30~20:30

문을 연 지 250년이 훌쩍 넘은 파리의 유서 깊은 제과점 중 한 곳, 스토레. 매장 앞에는 이곳의 역사를 증명하는 비석이 세워져 있을 정도다. 영국 엘리자베스 여왕이 프랑스 방문 때마다 즐겨 찾는다는 소문으로 유명세를 치러 매장 안팎은 늘 손님들로 북적이다. 스토레의 대표메뉴는 '퓌 나무르'와 '바바 오 럼'이다. 두 제품 모두 오랜 세월동안 레시피를 변경하지 않아 한결같은 맛을 내는 것이 특징이다. 바삭한 파이에 부드러운 바닐라 크림이 듬뿍 든 '퓌 다무르'와 알싸하면서도 고급스러운 럼 향이 입 안 가득 맴도는 '바바 오 럼'을 맛보면 스토레가 왜 많은 이들에게 사랑 받고 있는지 단번에 이해할 수 있다. 이트인 공간이 없는 것이 스토레의 가장 큰 단점이지만 매장과 멀지 않은 곳에 퐁피두 센터가 있으니 테이크아웃해 파리의 경치를 감상하며 디저트를 즐겨보자. 스토레는 파티스리뿐만 아니라 트레퇴르(조리식품 코너)도 함께 운영하고 있어 간단한 요깃거리도 살 수 있다.

PARIS

스타 셰프와 대중을 잇는 파티스리
# 푸 드 파티스리 Fou de Pâtisserie

**Address** 45 Rue Montorgueil, 75002 Paris
**Direction** 4호선 에티엔-마르셀역에서 207m
**Contact** +33-1-40-41-00-61
**Opening Hours** 월~금 11:00~20:00, 토 10:00~20:00, 일 10:00~18:00

〈푸 드 파티스리〉는 본래 2013년 9월 아마추어와 프로의 가교 역할을 할 목적으로 창간된 잡지다. 프랑스 파티스리를 중심으로 전 세계 파티스리의 동향과 상세한 레시피 등의 정보를 얻을 수 있어 폭넓은 구독층을 자랑한다. 지난 2016년 4월에는 스타 파티시에와 대중을 잇는다는 창간 이념을 살려 잡지의 콘셉트를 녹인 매장을 오픈해 열렬한 사랑을 받고 있다. 잡지 타이틀과 동일한 서체로 새겨진 매장명이 낯설지 않다. 푸 드 파티스리의 핵심은 파티스리 편집숍이라는 점이다. 푸 드 파티스리 매장에서는 필립 콩티치니, 시릴 리냑, 칼 마를레티, 위그 푸제(위고&빅토르), 조나단 블로(아시드 마카롱), 니콜라 바셰르(엉 디멍슈 아 파리) 등의 스타 파티시에 셰프들의 스테디셀러 및 신제품을 한 자리에서 만나볼 수 있다. 또한 파리에서 활동하는 셰프들 뿐 아니라 칸의 제롬

드 올리비에라, 니스의 벵상 게를래, 디종의 파브리스 질로트 등 지방의 유명 셰프들까지 총망라해 '에피스리 쉬크레' 코너를 만들고 구움과자, 초콜릿 등의 제품을 대중에게 소개하고 있다. 미디어에서만 접할 수 있었던 호텔 파티시에들의 작품을 선보이는 이벤트도 지속적으로 마련한다. 가장 파격적인 점은 이곳에서 판매하는 모든 디저트가 6.50 유로의 균일가에 판매되고 있다는 것. 이는 푸 드 파티스리만이 제공할 수 있는 유일무이한 혜택이다. 한편 올해 5월 말에는 파리 9구 마르티이 거리에 2번째 매장을 오픈했다.

## PARIS

### 파리지앵이 사랑하는 비엔누아즈리 전문점
# 뒤 팽 에 데 지데 Du Pain et des Idées

**Address** 34 Rue Yves Toudic, 75010 Paris
**Direction** 5호선자크-봉세르장역에서 182m
**Contact** +33-1-42-40-44-52
**Opening Hours** 7:00~20:00, 토·일휴무

미식 가이드북 『고 에 미요』에서 2008년 파리 최고의 불랑주리로 꼽힌 '뒤 팽 에 데 지데'는 프랑스의 유명 셰프들에게도 호평을 받고 있는 곳. 파리 10구 레퓌블리크 지구를 방문한다면 꼭 들러야 할 명소라 해도 과언이 아니다. 마르세유와 이브 투딕, 두 거리의 모퉁이에 자리한 매장은 1800년대의 오래된 빵집의 면모를 그대로 살린 외관으로 눈길을 사로잡는다. 빈티지한 하늘색 바탕에 세라믹 액자 형으로 들어간 고적적인 그림과 금장으로 장식된 간판은 세월의 흔적과 역사를 느끼게 한다. 거울, 벽화 등으로 장식된 화려한 내부 또한 마치 오래된 프랑스 영화 속으로 들어가는 듯한 착각을 일으킨다. 제품은 빵과 비엔누아즈리, 제철 과일로 만든 타르트가 주를 이룬다. 최고 인기제품은 '팽 데 자미'로 바삭한 껍질에서 풍기는 스모키한 헤이즐넛, 밤, 캐러멜 향은 성긴 크림과 어우러져 더욱 복합적이고 풍성한 맛을 낸다. '팽 오 레장'을 재해석한 '에스카르고' 또한 데 팽 에 데 지데의 베스트셀러. 크림치즈, 프뤼이 루즈, 프랄리네, 럼 레장, 피스타치오 쇼콜라 등 다양한 선택의 폭을 갖췄다. 3유로 50센트로 가격은 다소 비싼 편이지만 바삭하면서도 부드러운 비엔누아즈리의 텍스처와 달콤한 충전물의 조화는 비엔누아즈리 천국인 파리에서도 손꼽히는 맛이다. 피스타치오 쇼콜라가 가장 유명하지만 캐러멜라이즈해 톡톡 씹히는 식감이 특징인 프랄리네도 추천한다.

# PARIS

### 파리에 식빵 열풍을 몰고온
## 팽 드 미 카레 Pain de Mie Carré

**Address** 5 Rue Rambuteau, 75004 Paris
**Direction** 11호선 랑뷰토역에서 256m
**Contact** +33-1-44-54-92-73
**Opening Hours** 10:00~19:00

2017년 11월 문을 연 식빵 전문점 '팽 드 미 카레'는 현지인, 미식가들 사이에서 열렬한 사랑을 받고 있는 식빵전문점이다. 대표 제품으로는 일본식 식빵인 '모치 모치, 싯토리'와 바삭하게 부서지는 껍질이 매력적인 '프랑스 식빵 토스트'다. 일본식 식빵에는 홋카이도산(産) 밀가루를, 토스트용 식빵에는 프랑스 브르타뉴산(産) 밀가루를 사용해 풍미와 식감에 차이를 두었다. 이트인 공간의 널찍한 좌석, 타일, 조명 등에서는 세심한 감각이 느껴진다. 손님이 원하는 굽기로 토스트 해먹을 수 있도록 각 테이블마다 토스트기를 세팅해놓은 것도 인상적. 돈가스, 에비가츠 샌드위치 등 일본식 샌드위치와 슈크루트 등 프랑스 음식을 접목시킨 샌드위치 메뉴는 이곳만의 별미다. 팽 드 미 카레가 자리한 마레 지구는 감각적인 카페, 와인 상점, 식료품점, 패션 숍 등이 즐비한 곳으로 연중 내내 젊은이들과 관광객들로 붐빈다. '팽 드 쉬크르', '파트릭 로제'까지 한 코스로 방문해보자.

## 모던 파티스리의 선구자
### 얀 쿠브뢰르 YANN COUVREUR

**Address** 137 Avenue Parmentier, 75010
**Direction** 11호선 공쿠르역에서 6m
**Contact** +33-6-05-97-63-01
**Opening Hours** 8:00~20:00

파리의 새로운 스타 파티시에로 떠오른 얀 쿠브뢰르가 공쿠르역 근처에 오픈한 매장이다. 공쿠르역은 젊은이들과 새로운 맛집을 찾으려는 미식가들로 항상 붐비는 활기찬 지역으로 얀 쿠브뢰르 셰프는 이 지역의 분위기가 잘 묻어나면서 자신의 제품 이미지와도 잘 어울리는 매장을 만들기 위해 메탈과 참나무를 매치하고 창의적이고 모던한 파티스리로 매장을 가득 채웠다. 네오클래식이란 평판에 걸맞게 클래식한 파티스리에 현대적인 감각을 더해 재치 있게 변형시키는 상상력과 테크닉은 얀 쿠브뢰르의 강점. 일례로 그는 타원형의 에클레르를 직사각형 형태로 변형해, 매장의 인테리어에서 모티브를 딴 독특한 패키지에 담아 제공하는데, 그 현대적이며 가벼운 모양과 맛으로 매장의 인기상품 중 하나가 되었다. 그 외에도 라임 타르트, 프랑부아즈에 민트를 가미한 생토

노레, 미니멀한 프레지에 등은 클래식을 기반으로 제철 재료가 지닌 자연 그대로의 신선하고 강렬한 맛을 영리하게 조화시킨 제품으로 사랑 받고 있다. 조만간 메밀의 일종인 '소바차'를 활용한 여우 디저트를 신제품으로 출시할 예정이라고. 여우 캐릭터는 쿠브뢰르 셰프를 대표하는 심벌이다.

# Champ de Mars / Montparnasse 샹 드 마르스 / 몽파르나스

PARIS

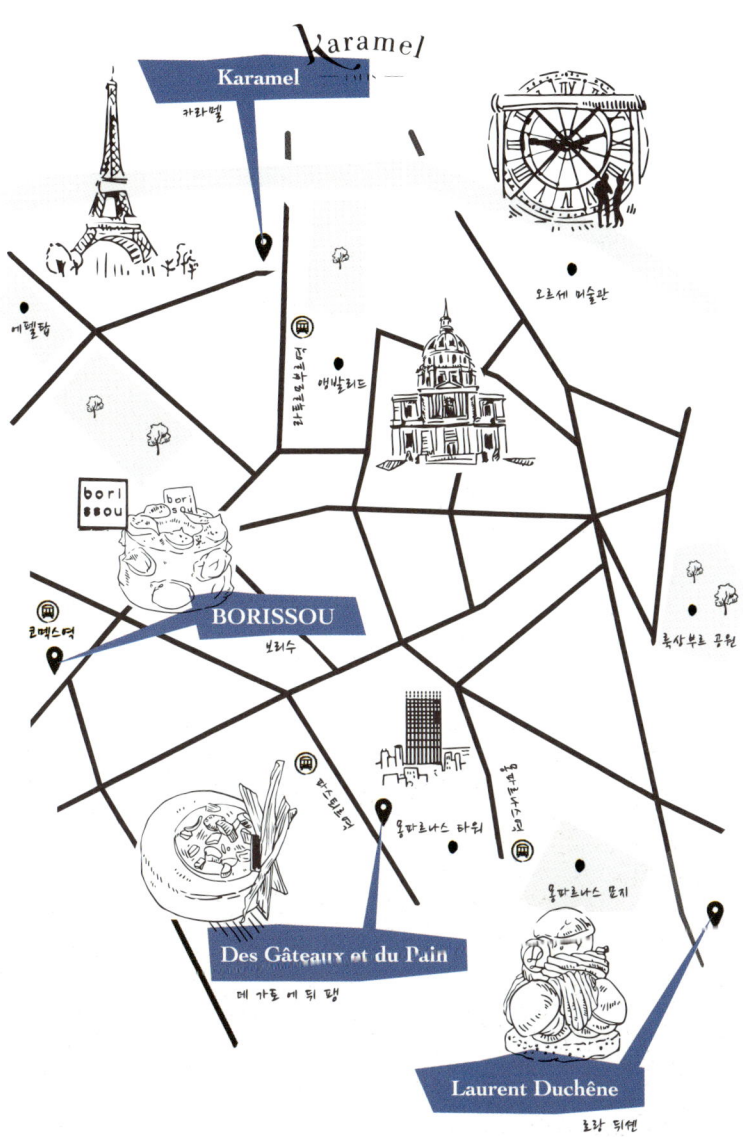

| PARIS | 파리를 매료시킨 최초의 한국식 베이커리
**보리수** BORISSOU |

**Address** 93 rue du Commerce, 75015 Paris
**Direction** 8호선 코멕스역에서 80m
**Contact** +33-1-48-28-65-86
**Opening Hours** 화~토 7:30~20:00, 일 7:30~19:00, 월 휴무

에펠탑이 있는 파리 7구와 맞닿은 파리 15구. 치안이 좋고 편의 시설이 많아 한국인들이 많이 모여 사는 곳이다. 지하철 6, 8, 10호선이 만나는 라 모트 피케 그르넬역에서 맞은편 성당을 바라보고 내려오면 각종 숍들이 있는 번화가인 코멕스 거리가 펼쳐진다. 크고 작은 카페, 불랑주리, 파티스리를 비롯한 맛집들이 즐비한 이 거리 끝자락에 위치한 '보리수'는 배주식 셰프가 파리에 문을 연 최초의 한국식 베이커리다. 화이트 톤의 깔끔한 외관과 한국어로 쓰여진 안내문 등이 행인의 눈길을 끈다. 넓지 않은 매장이지만 다채로운 빵과 디저트가 분위기에 맞게 효과적으로 공간을 메우고 있어 인상적이다. 벽을 장식한 빵들과 칠판 위에 예쁘게 그려진 메뉴 그림에서는 세심함이 느껴진다. 유기농 재료를 사용하는 보리수는 동네 주민들에게 이미 빵맛이 좋기로 소문이 나 일요일 한산한 시간에도 인산인해를 이룬다. 주력 제품은 하드계열 빵. 이와 함께 정통 프랑스 스타일의 디저트로 채워진 파리 내 다른 베이커리와는 달리 롤케이크, 시폰케이크, 고구마 케이크 등 한국에서 흔한 디저트들을 찾아볼 수 있다. 프랑스인들에게는 특별함을, 현지에 사는 한국인들에게는 향수를 불러일으킨다. 가벼운 스펀지와 부드러운 크림의 조화는 파리의 한인들뿐 아니라 일본인들에게도 인정 받고 있다. 특히 말차를 활용한 제품들은 한국식 케이크에 익숙하지 않은 프랑스인들에게 최고의 인기를 구가하고 있다.

## 완벽을 추구하는 클레르 다몽 셰프의 파티스리
# 데 가토 에 뒤 팽 Des Gâteaux et du Pain

**Address** 63 Boulevard Pasteur, 75015 Paris
**Direction** 6, 12호선 파스퇴르역에서 241m
**Contact** +33-6-98-95-33-18
**Opening Hours** 월, 수~토 9:00~20:00, 일 9:00~18:00, 화 휴무

'데 가토 에 뒤 팽'은 파리 몽파르나스역 근처에 첫 매장을 오픈한 후 올해로 10주년을 맞이했으며 현재 파리에 2개의 매장을 운영 중이다. 클레르 다몽 셰프가 이끄는 데 가토 에 뒤 팽은 좋은 재료, 청결한 주방, 엄격한 품질 관리로 오래 전부터 정평이 나 있다. 를레 데세르의 유일무이한 여성 셰프인 그녀는 완벽주의자로 불리며 남성 파티시에가 주류인 프랑스 제과업계에서 인정받고 있다. 그녀는 조금이라도 오래된 재료나 수입 과일, 유제품 등으로는 절대 제품을 만들지 않는다. 클레르 다몽 셰프는 지역, 환경과 상생하는 먹거리를 매우 중요하게 여기는데, 제품에

쓰이는 모든 아몬드는 100% 프랑스산(産)으로 가장 최근에 수확된 것들 중에서도 최상품으로 엄선해 사용한다. 베리류는 반드시 야생에서 자라서 손으로 딴 것을 사용하고, 해발 고도 1,000미터 이하에서 채취된 베리는 절대 구매하지 않는다. 데 가토 에 뒤 팽이 위치한 파스퇴르가 근처만 해도 '피에르 에르메', '시릴 리냑'을 포함한 5여 개의 제과점이 즐비해 있다. 그럼에도 불구하고 사람들은 그녀의 매장에서 제품을 사기 위해 30분 넘게 줄을 서는 수고를 마다하지 않는다. 손님들 모두 클레르 다몽 셰프의 깐깐한 성격을 신뢰하기 때문이다. 여름 한정 제품인 '바통 드 루바브', '카슈미르', '이니시알 세데'. '프라가리아 베스카' 등의 디저트를 비롯해 빵 제품까지 무엇 하나 맛으로 부족한 것이 없다. '바닐라 밀푀유'는 주말에만 판매하며 보통 오픈 후 2시간 내로 품절되기 때문에 서둘러야 구매할 수 있다.

| PARIS | 캐러멜 마니아들의 파라다이스<br>**카라멜** Karamel |

**Address** 67 rue Saint-Dominique, 75007 Paris
**Direction** 8호선 라 투르-모부르역에서 245m
**Contact** +33-1-71-93-02-94
**Opening Hours** 월~금 7:00~19:30, 토·일 9:00~20:00

'카라멜'은 모든 제품에 캐러멜을 사용하는 독특한 콘셉트로, 최근 파리에서 가장 핫한 파티스리 중 한 곳이다. 살롱 드 테를 겸한 아늑한 매장에 들어서면 천장까지 이어진 목재 쇼케이스 안에 정리된 캐러멜, 초콜릿, 구움과자 등이 먼저 눈에 들어온다. 가장 인기를 끄는 메뉴는 '타르트 시트롱'. 돔 형으로 볼록하게 짠 이탈리언 머랭이 앙증맞다. 헤이즐넛의 고소함과 캐러멜의 달콤함, 레몬의 산미가 훌륭한 맛의 조화를 이룬다. 백조를 형상화한 슈 제품 '르 신느' 또한 베스트셀러 중 하나로 캐러멜, 프랄리네, 화이트초콜릿이 슈와 어우러져 부드럽고 우아한 맛을 자아낸다. 또한 견과류가 가득 올라간 쿠키와 '플렁 캐러멜'은 보는 것만으로도 입이 즐거워지는 기분이다. 한편 카라멜이 위치한 파리 7구는 아름다운 건축물들의 정취 속에서 파리 부르주아의 여유로운 삶의 모습을 느낄 수 있는 곳. 에펠탑, 앵발리드, 로댕 박물관 등 관광객들에게 친숙한 명소가 인접해 있다.

## 장인의 크루아상
# 로랑 뒤셴 Laurent Duchêne

**Address** 2 Rue Wurtz, 75013 Paris
**Direction** 6호선 글라시에르역에서 399m
**Contact** +33-1-45-65-00-77
**Opening Hours** 7:30~20:00, 일 휴무

MOF 파티시에이자 를레 데세르의 멤버 중 한명인 로랑 뒤셴은 프랑스 최고의 크루아상 장인으로 정평이 나 있다. 파리 13구, 15구, 외곽의 방센느까지 총 3곳에서 매장을 운영 중이다. 13구에 위치한 본점은 조용한 동네 분위기와는 사뭇 다르게 로랑 뒤셴 매장의 주변만 늘 사람들로 붐빈다. 빵 하나를 사기 위해 긴 줄을 서며 기다리는 것은 기본이다. 크루아상으로 유명세를 탔지만 로랑 뒤셴은 파티시에이자 쇼콜라티에인 만큼 어떤 제품을 맛보든 기대 이상이다. 파리의 주요 여행지와는 약간 떨어져 있지만 파리 최고의 크루아상을 맛보기 위해서라면 충분히 들러볼 만한 가치가 있다. 막 구운 크루아상은 바삭하면서 쫄깃하고 향긋한 버터 향이 일품이다. 다만, 너무 많은 손님들이 아침부터 방문하기 때문에 점심시간 전에 품절되는 경우가 허다하므로 서둘러야 한다는 것이 단점이라면 단점이다. 진한 캐러멜을 사용해 만든 크림을 아낌없이 채워 넣은 '캐러멜 생토노레'도 최고 인기제품 중 하나다. 접근성면에서는 아쉽지만 로랑 뒤셴의 갓 구운 크루아상에 커피를 한 잔 곁들이면 힘들여 찾아간 보람이 있을 것이다.

# Uptown 업타운

NEW YORK

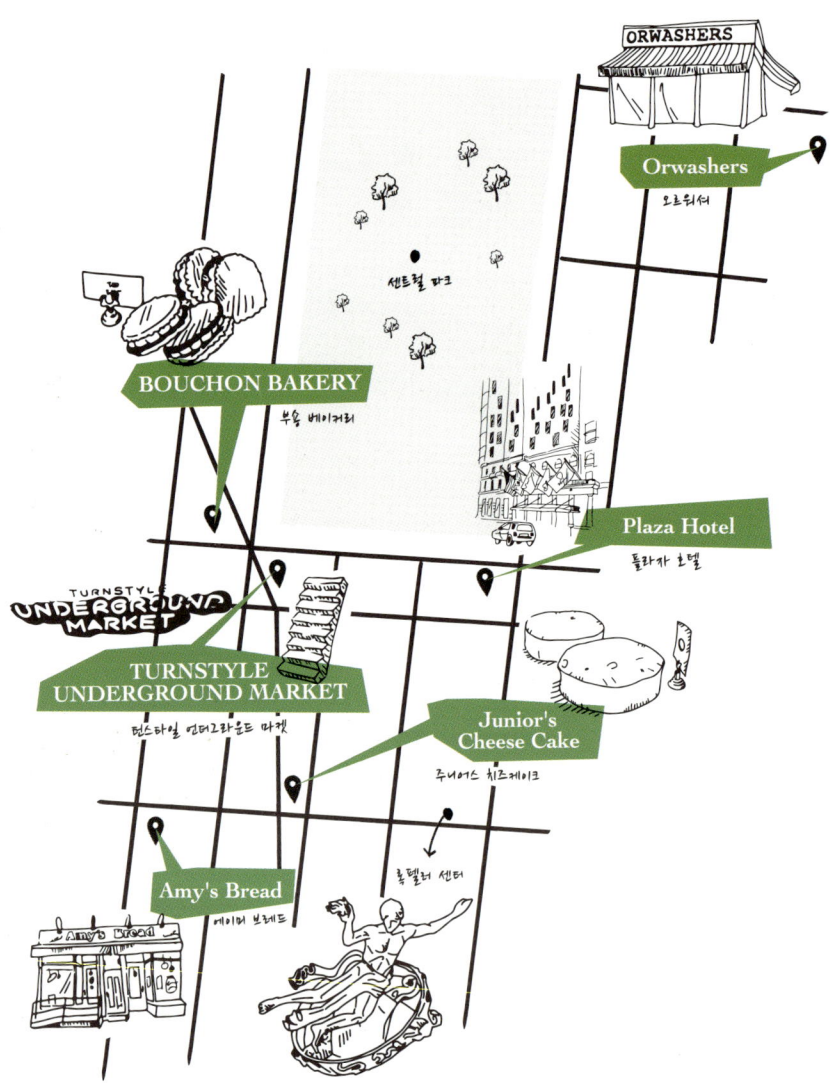

| NEW YORK | 뉴욕의 재료로 만든 하드계열 빵 |
| --- | --- |
| | **오르워셔** Orwashers |

**Address** 308 E 78th St, New York, NY 10075
**Direction** 레드라인 1, 2, 79 스트리트역에서 482m
**Contact** +1-212-288-6569
**Opening Hours** 월~토 7:30~20:00, 일 8:00~18:00

뉴욕의 베이커리 중 로컬 재료를 사용하는 곳은 수도 없이 많을 것이다. 하지만 완성도 높은 맛을 이끌어 내는 곳은 손에 꼽힐 정도로 적은데 그중 하나가 바로 어퍼 웨스트 사이드에 위치한 '오르워셔'다. 인기를 입증하듯 진열장 가득히 쌓여 있는 단단하고 큰 빵들을 보면 절로 탄성이 나온다. 한국 사람들은 부드러운 식감의 소프트계열 빵을 선호하는 반면 서양 사람들은 단단하고 오래 발효시킨 하드계열 빵을 선호하는데 오르워셔의 빵들이 그렇다. 맛으로 현지인들에게 입소문이 난 덕분에 이미 여러 매체에 소개됐는데 가장 흥미로운 점은 와인을 이용해 빵을 만든다는 것이다. 겉은 단단하지만 속은 부드러운 사워 도 빵을 경험하면 아마 부드러운 빵이 다르게 느껴질지도 모른다.

## NEW YORK

영화 '나홀로집에' 속 호텔에서 즐기는 디저트
# 플라자 호텔 Plaza Hotel

**Address** 768 5th Ave, New York, NY 10019
**Direction** 옐로라인 N,R,W, 5 애비뉴 59 스트리트역에서 100m
**Contact** +1-212-759-3000
**Opening Hours** 월~토 10:00~20:00, 일 10:00~18:00

영화 '나홀로집에'에서 주인공 케빈이 묵었던 럭셔리 호텔을 기억하는 사람이라면 알만한 '플라자 호텔'은 1907년에 건축돼 지금까지 역사적인 랜드마크로 자리한 뉴욕 최고의 호텔이다. 이곳이 더 유명해진 이유는 지하에 자리한 푸드 코트 덕분. 이곳 푸드 코트에는 플라자 호텔의 고급스러운 분위기와 어

울리는 여러 가지 음식점 및 디저트 숍들이 입점해 있다. 얇은 크레이프와 크림을 겹겹이 쌓아 만든 케이크가 일품인 '레이디 엠(Lady M)', 기본에 충실하지만 맛 또한 뛰어난 '팽 다비뇽(Pain D'Avignon)', 럭셔리한 프랑스 초콜릿 가게로 유명한 '라 메종 뒤 쇼콜라(La Maison du Chocolat)'등 약 10여 곳의 유명 디저트 숍들이 모여 있다. 무엇보다 플라자 호텔은 센트럴 파크가 시작되는 지점에 있다. 5th 애비뉴의 럭셔리 브랜드 쇼핑과 도심 속 공원을 동시에 구경할 수 있는 중심가이므로 여행객들에게 쉬어가는 장소로 제격이다.

## NEW YORK

### 동부의 강자 토마스 켈러의 베이커리
### 부숑 베이커리 BOUCHON BAKERY

**Address** 10 Columbus Cir, New York, NY 10019
**Direction** 레드, 오렌지, 블루라인 A, B, C, D, 1, 59 스트리트 콜럼버스서클역에서 93m
**Contact** +1-212-823-9366
**Opening Hours** 8:00~17:00

미국 서부에 유명 셰프 고든 램지가 있다면, 세계 제일의 미식가들이 모인 동부에는 토마스 켈러(Thomas Keller)가 있다. 미국의 셀러브리티 셰프 인 그는 맨해튼에 단 2곳 있는 미슐랭 3스타 레스토랑 중 하나인 '펄세(Per Se)'를 운영 중이다. 그가 운영하는

'부숑 베이커리' 역시 명성에 부합하는 페이스트리 숍이다. 동부에 2곳, 서부에 2곳의 매장이 위치해 있으며 동부 매장은 모두 맨해튼에 있다. 부숑 베이커리는 최상급 재료들을 이용해 프렌치 기법과 아메리칸 스타일을 적절히 조합한 베이커리 제품들을 생산하며 고급화를 추구한다. 베이커리 옆에는 간단한 샌드위치나 수프 등을 함께 먹을 수 있는 카페도 운영하고 있다. 뉴욕 지점의 경우 주 고객층인 관광객들을 타깃으로 한 제품들을 다양하게 내놓는다. 특히 마카롱이 유명한데 보통 크기보다 훨씬 큰 형형색색의 마카롱을 만나볼 수 있다. 남녀노소를 불문하고 이곳의 마카롱과 디저트를 한번 맛보면 모두 팬이 될 정도니 꼭 방문해볼 것을 추천한다.

## 언더그라운드에 모여라
# 턴스타일 언더그라운드 마켓 UNDERGROUND MARKET

**Address** 1000 S 8th Ave, New York, NY 10019
**Direction** 레드, 오렌지, 블루라인 A,B,C,D,1, 59 스트리트 콜럼버스서클역
**Contact** +1-646-768-9224
**Opening Hours** 8:00~21:00

센트럴 파크 동쪽에 플라자 호텔과 5th 애비뉴가 있다면 서쪽 끝에는 콜럼버스 서클이 있다. 이곳은 쇼핑과 먹거리를 동시에 즐길 수 있는 복합 문화 공간인데, 미슐랭 레스토랑들이 모여 있어 주목을 받고 있다. 그중에서도 최근 콜럼버스 서클에 생긴 '턴스타일 언더그라운드 마켓'은 호기심을 자극하는 곳이다. 콜럼버스 서클은 타임스퀘어 다음으로 여러 지하철 노선이 지나는 곳으로, 언더그라운드 마켓은 그 유동 인구를 타깃으로 생겨났다. 총 38개 먹거리 상점이 있으며 디저트 숍만 해도 10곳이 넘어 놓칠 수 없는 장소다. 추천히는 디서트 숍으로는 최근 붐을 타고 있는 미니 도넛 '도넛트리', 맛있는 모치를 구입 할 수 있는 '모치도키', 그리고 '조지아 베이커리'가 있다. 그 외에도 특이한 먹거리와 물건을 파는 작은 가게들이 많으니 여행 도중 꼭 콜럼버스 서클에 내려 구경해 보자.

> NEW YORK
>
> 뉴요커의 일상을 경험하고 싶다면
> # 에이미 브레드 Amy's Bread

**Address** 672 9th Ave, New York, NY 10036
**Direction** 블루 로컬라인 E, 50 스트리트 역에서 482m
**Contact** +1-212-977-2670
**Opening Hours** 월 7:00~21:00, 화~목 7:00~22:00, 금 7:00~23:00, 토 8:00~23:00, 일 8:00~21:00

'에이미 브레드'는 뉴요커들의 식사를 책임지는 맛집으로 유명하다. 맨해튼 내 3곳에 지점을 운영 중이며, 파란색 입구와 앤티크한 무드의 내부 공간이 특징이다. 메뉴는 주로 테이크아웃이 가능한 단품들을 위주로 마련돼 있다. 매장에 테이블이 없기 때문에 에이미 브레드를 찾는 손님들은 테이크아웃한 빵을 보통 가까운 공원에서 즐기는데 그 모습에서 오히려 진정한 뉴욕을 엿볼 수 있다. 뉴욕에 머무를 계획이 있다면, 에이미 브레드에서 샌드위치 하나와 음료를 주문해 허드슨강 쪽 공원에서 여유롭게 즐겨보자.

## 오바마 전 대통령도 반한 치즈케이크
# 주니어스 치즈케이크 Junior's Cheese Cake

**Address** 1626 Broadway, New York, NY 10019
**Direction** 레드, 옐로, 그레이, 퍼플라인 N,Q,R,S,W,1,2,3,7, 42 스트리트 타임스퀘어역에서 450m
**Contact** +1-212-365-5900
**Opening Hours** 월~목·일 6:30~24:00, 금~토 6:30~25:00

뉴욕은 '뉴욕 치즈케이크'라는 고유 명사가 있을 정도로 치즈케이크에 대한 열정이 큰 도시다. 60년 전통을 자랑하는 '주니어스 치즈케이크'는 오바마 전 대통령이 뉴욕에 오면 꼭 들르는 곳으로 더욱 유명세를 탔다. 이곳의 치즈케이크는 겉은 옅은 살색을 띠고 속은 부드러운 치즈 본연의 맛을 간직해 여행객, 뉴요커 할 것 없이 모두를 매료시키는 마성의 디저트다. 맨해튼 내에 지점이 여러 개 있는데 특히 타임스퀘어 지점은 60~70년대 미국 패스트푸드점을 모티브로 한 인테리어가 인상적이고, 식사까지 즐길 수 있다. 치즈케이크는 조각으로 구매가 가능하고 홀 사이즈는 6인치, 8인치 단위로 판매한다. 바로 옆 타임스퀘어 광장에서 치즈케이크 한 조각과 커피 한 잔을 즐기다 보면 여행의 피로가 눈녹듯 사라질 것이다.

NEW YORK

프랑스 빵과 동양 식재료의 만남
# 라 타바티에르 LA TABATIERE

**Address** 303 Herbert Ave, Closter, NJ 07624
**Contact** +1-201-767-2545
**Opening Hours** 월~금 7:00~19:00, 토 8:00~18:00, 일 8:00~14:00

한국인들이 많이 사는 뉴저지에는 원종훈 셰프가 운영하는 베이커리가 있다. 이곳에서는 프렌치 빵과 과자뿐 아니라 동양적 식재료를 이용한 다양한 베이커리 제품을 판매한다. 심플하지만 수준 높고 정교한 프렌치 베이스의 다양한 빵들과 쿠키, 그리고 케이크를 맛볼 수 있는 '라 타비티에르'. 프렌치 빵 이외에도 한국인 셰프의 감각을 발휘해 만든 아이템들이 눈에 띈다. 그중에서도 우엉을 넣은 파운드케이크나 녹차와 화이트초콜릿이 들어간 스콘은 늘 마감 전에 품절되는 베스트셀러라고. 프랑스산(産) 버터, 케이지 프리 달걀(Cage free Egg) 등의 좋은 재료들을 아낌없이 사용하기 때문에 믿고 먹을 수 있는 것도 장점이다. 아담하지만 깔끔한 빈티지 풍의 인테리어와 먹음직스런 빵들이 조화롭게 어우러져 시각적인 만족도 또한 높다.

# NEW YORK
# Downtown 다운타운

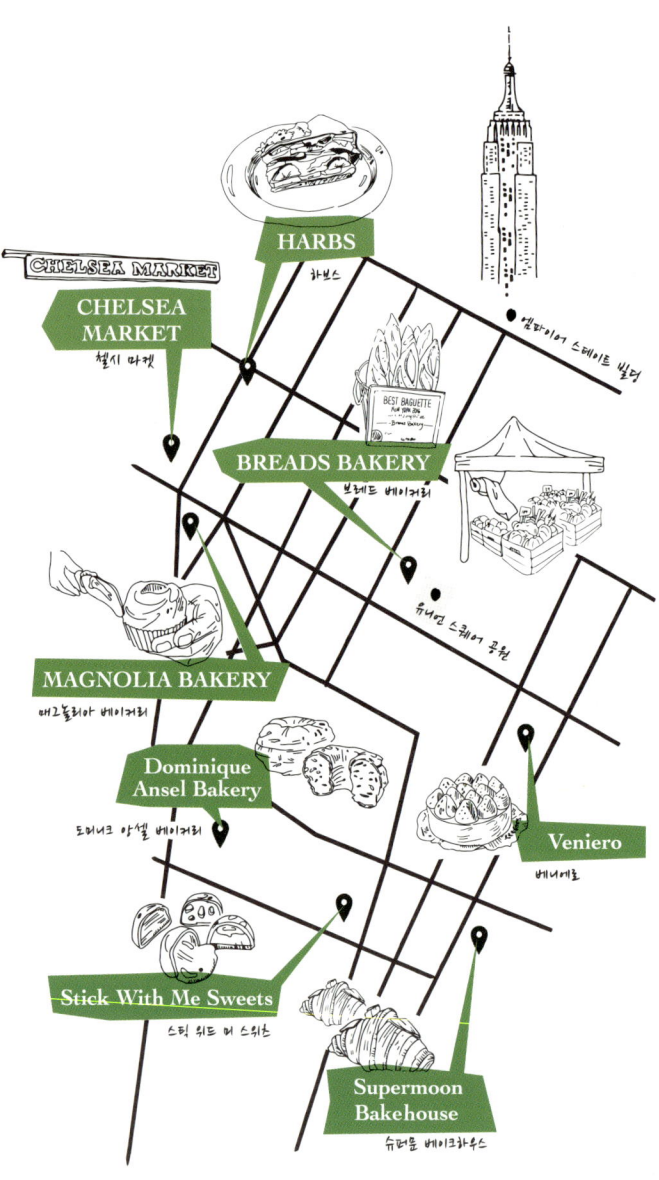

## NEW YORK

### 다양한 디저트를 한 공간에서
# 첼시 마켓 CHELSEA MARKET

**Address** 75 9th Ave, New York, NY 10011
**Direction** 블루, 그레이 라인 A,C,E,L, 14 스트리트 8 애비뉴역에서 420m
**Contact** +1-212-652-2110
**Opening Hours** 월~토 7:00~26:00, 일 8:00~22:00

'첼시 마켓' 건물은 본래 20세기 초 오레오로 잘 알려진 내셔널 비스킷 컴퍼니의 과자 공장이었다. 이후 부지를 이동해 폐쇄 위기를 맞았으나 작은 음식점들이 입점하면서 다시 부흥기를 맞았다. 현재 첼시 마켓은 매년 600만명의 방문객이 다녀가는 뉴욕의 중심 관광지로 발돋움했다. 35개가 넘는 크고 작은 상점 혹은 레스토랑들이 입점해 있는데 그중에는 여러 가지 콘셉트의 디저트 가게들도 많다. '에이미 브레드(Amy's Bread)'는 뉴욕 내에 많은 체인점이 있는 베이커리 카페로 컵케이크, 샌드위치 빵 등을 갖춘 숍이다. '도넛테리(Doughnuttery)'는 미니 도넛으로 유명한데, 10여 가지 토핑을 고를 수 있으며 한입에 쏙 넣을 수 있는 사이즈와 그 맛이 일품이다. '팻 위치 베이커리(Fat Witch Bakery)'는 브라우니

전문점으로 한 번도 안 가본 사람은 있어도 한 번만 가본 사람은 없다고 할 정도로 중독성 있는 맛을 자랑한다. 미국 드라마 '섹스 앤 더 시티'의 여주인공들이 브런치를 즐기던 레스토랑, '사라베스(Sarabeth's)'는 맨해튼 내에 체인점이 여럿 있는 핫플레이스다. 깨를 이용한 디저트를 만드는 '시드+밀(Seed+Mill)'에서는 슈퍼 시드인 깨의 맛과 영양을 동시에 경험할 수 있다. 고급 레스토랑 '모리모토'의 일본식 디저트 또한 유명하고 한국인 에스더 최 셰프가 운영하는 라면 가게 '목 바(Mok Bar)', 저렴한 가격으로 랍스터를 즐길 수 있는 '랍스터 플레이스'도 인기가 높다.

NEW YORK

뉴욕에서 발견한 일본
## 하브스 HARBS

**Address** 198 9th Ave, New York, NY 10011
**Direction** 블루 로컬라인 C, E, 23스트리트역에서 350m
**Contact** +1-646-336-6888
**Opening Hours** 11:00~22:00

아파트가 많은 웨스트 빌리지에 위치한 90년대 일본 분위기의 케이크 가게 '하브스'. 일본인 파티시에가 운영하는 이곳은 깔끔하고 군더더기 없는 일본 스타일 케이크로 입소문 난 곳이다. 향기로운 차와 섬세함이 묻어나는 케이크 한 조각을 먹으며 여유를 즐기기에 안성맞춤. 시그니처 메뉴인 딸기 케이크는 조금만 늦어도 품절되는 경우가 허다하다. 항상 테이크아웃을 하려는 뉴요커들로 북적이지만, 의외로 안쪽에 넓은 자리가 마련돼 있어 입구에 늘어선 손님들을 보고 다음을 기약할 필요는 없다. 오후쯤 근처에 위치한 허드슨강에서 뉴저지 쪽으로 걸어가다 보면 멋진 노을을 감상할 수 있으니 놓치지 말 것.

NEW YORK

### 뉴요커의 선택을 받은 숨은 맛집
# 브레드 베이커리 BREADS BAKERY

**Address** 18 E 16th St, New York, NY 10003
**Direction** 옐로, 그린라인 14 스트리트 유니언스퀘어역에서 100m
**Contact** +1-212-633-2253
**Opening Hours** 월~금 6:30~21:00, 토 6:30~20:00, 일 7:30~20:00

타임스퀘어가 관광객들의 필수 코스라면 그 아래쪽에는 진짜 뉴요커들에게 사랑받는 유니언 스퀘어가 있다. 유니언 스퀘어는 타임스퀘어 같은 크고 높은 빌딩들이 둘러싼 광장이 아니다. 중앙에는 녹음이 우거진 공원이 있고, 주변에는 로컬 상인들이 직접 기른 작물을 파는 장터가 열리는 아름다운 곳이다. 이곳에 수수한 외관과 달리 입구부터 사람들로 문전성시를 이루는 빵집이 바로 '브레드 베이커리'다. 발 디딜 틈이 없을 정도로 성황을 이루는 비결은 투박한 미국식 빵이 아닌 정교하고 깔끔한 페이스트리. 이와 함께 바게트 등 하드계열 빵도 판매하며, 샐러드와 샌드위치도 다양하게 준비돼 있으니 시간적 여유가 있다면 내부에 마련된 테이블에서 브런치를 즐겨도 좋을 듯하다.

## 100년 전통의 이탤리언 치즈케이크
# 베니에로 Veniero

**Address** 342 E 11th St, New York, NY 10003
**Direction** 그레이라인 L, 1 애비뉴역에서 300m
**Contact** +1-212-674-7070
**Opening Hours** 월~목·일 8:00~24:00, 금~토 8:00~25:00

맨해튼 남동쪽에 위치한 이스트 빌리지는 다른 상권에 비해 상대적으로 임대료가 저렴해 최근 수많은 레스토랑과 디저트 숍이 오픈했다. 그런 이스트 빌리지에서 100년이 넘도록 한 자리를 지켜온 이탤리언 정통 치즈케이크 가게가 바로 1894년에 문을 연 '베니에로'다. 입구로 들어서면 케이크 및 디저트들이 진열돼 있고 반대편에는 디저트를 즐길 수 있는 다이닝 룸이 마련돼 있다. 대표메뉴는 정통 이탈리아 치즈케이크와 젤라토, 그리고 기본에 충실한 카푸치노다. 오래된 식탁과 찻잔, 투박해 보이지만 정성이 듬뿍 담긴 디저트들까지. 이 모든 것들이 가히 100년을 이어온 이곳의 특색이자 맛이라고 할 수 있다. 정통 이탤리언의 맛을 느끼고 싶은 여행객이라면 베니에로를 적극 추천한다.

# NEW YORK

### 트렌드를 이끄는 페이스트리 숍
## 슈퍼문 베이크하우스 Supermoon Bakehouse

**Address** 120 Rivington St, New York, NY 10002
**Direction** 오렌지, 브라운라인 F, J, M, Z, 딜런시 스트리트역에서 128m
**Contact** supermoonbakehouse.com
**Opening Hours** 월~금 8:00~18:00, 토~일 9:00~18:00

뉴욕 시청에서 브루클린 브리지 방향으로 걷다 보면 사람들로 북적이는 가게가 있다. 바로 현재 맨해튼에서 가장 핫하다고 소문난 '슈퍼문 베이크하우스'다. 입구로 들어서면 층층이 쌓아 올린 테이크아웃용 포장 상자가 가장 먼저 눈에 들어오는데, 이는 이곳의 독특한 감각을 전달하는 동시에 하나의 상징으로 자리매김했다. 대리석 진열대 위에는 그날의 메뉴들이 줄지어 진열돼 저마다 뚜렷한 개성을 뽐낸다. 시그니처메뉴인 투톤 크루아상은 색깔별로 맛이 다른데 특히 딸기와 녹차 맛이 베스트셀러다. 훤히 들여다보이는 주방과 심플하지만 포인트가 확실한 인테리어 때문에 '인생샷'을 남길 수 있는 장소로도 인기가 좋다. 아름답기로 소문난 뉴욕 시청과 맨해튼의 필수 여행 코스 브루클린 브리지와 가까우니 잊지 말고 방문해보자.

NEW YORK

입 속의 작은 행복
## 스틱 위드 미 스위츠 Stick With Me Sweets

**Address** 202A Mott St, New York, NY 10012
**Direction** 그린로컬라인6, 스프링 스트리트역에서 160m
**Contact** +1-646-918-6336
**Opening Hours** 10:30~20:00

화려한 쇼케이스로 이목을 끄는 '스틱 위드 미 스위츠'는 트렌디한 레스토랑과 숍들로 가득한 놀리타(Nolita) 거리에 위치한다. 스틱 위드 미 스위츠 매장에는 알록달록한 색감의 작고 예쁜 초콜릿 봉봉들이 매끈한 광채를 띠며 손님들을 기다린다. 초콜릿을 사기 위해 이곳을 찾은 손님들은 정교하게 만들어진 초콜릿 봉봉의 비주얼에 한 번 놀라고, 다채로운 필링과 그 맛에 또 한 번 감탄하게 된다. 한국계 미국인인 수잔나 윤 오너셰프는 인공적이지 않고, 재료 본연의 특징을 살리면서 전체적인 맛의 균형을 맞추기 위해 엄청난 공을 들인다고 하니 맛의 밸런스에 집중해 제품을 먹어보길 추천한다. 초콜릿 봉봉 외에도 미니 케이크, 캐러멜, 바크 초콜릿, 쿠키 등을 만나볼 수 있으며, 제품 패키지도 아기자기해 특히 여성들을 위한 선물로 구입하기 좋다.

# 세계를 홀린 크로넛
## 도미니크 앙셀 베이커리 Dominique Ansel Bakery

**Address** 189 Spring Street, New York, NY 10012
**Direction** 블루 로컬라인 C,E, 스프링 스트리트역에서 76m
**Contact** +1-212-219-2773
**Opening Hours** 월~목 8:00~19:00, 금~토 8:00~20:00, 일 9:00~19:00

2013년, 맨해튼에서 선풍적인 인기를 끌며 전 세계 빵집 역사상 전례 없는 기록을 세운 '도미니크 앙셀 베이커리'의 크로넛(cronut). 간판 메뉴로 자리잡은 크로넛이 완성되기까지는 페이스트리(puff pastry)를 준비하는 과정부터 시작해 꼬박 사흘이 걸린다. 외관상 거칠어 보이지만 겹겹이 쌓인 페이스트리 층이 자아내는 바삭바삭하면서도 폭신폭신한 식감은 가히 압권이다. 메뉴는 로즈와 바닐라, 레몬과 메이플, 블랙베리와 라임, 코코넛, 사과와 크렘 프레슈(crème fraiche) 등으로 다양하다. 또 다른 인기메뉴인 '프로즌 스모어'는 원통형 비스킷 안에 초콜릿 시럽을 넣고 정사각형 마시멜로로 덮어 스모어의 새 지평을 열었다는 평가를 받는다. 전통 프랑스 레시피에 바탕을 두고 개발한 도미니크 앙셀 셰프의 페이스트리 창작품들이 새롭게 업그레이드되어 손님들의 시각과 미각을 만족시킨다.

NEW YORK

뉴욕의 간판 디저트 숍
# 매그놀리아 베이커리 MAGNOLIA BAKERY

**Address** 401 Bleeker St, New York, NY 10014
**Direction** 블루, 그레이 익스프레스 라인 A, E, L, 14 스트리트 8 애비뉴역에서 482m
**Contact** +1-212-462-2572
**Opening Hours** 월~목·일 7:30~22:30, 금~토 7:30~23:30

1990년대 컵케이크 열풍을 일으킨 '매그놀리아 베이커리'는 뉴욕에서 가장 달콤한 빵집이다. 우리나라에도 매장이 있을 정도로 세계적인 사랑을 받고 있는 매그놀리아 베이커리의 컵케이크는 달착지근한 프로스팅이 특징이다. 다양한 플레이버의 컵케이크가 있는데 그중에서도 시그니처 메뉴는 두말할 필요 없이 레드벨벳 컵케이크. 붉은 초콜릿 케이크 위에 올라간 크림치즈 프로스팅이 녹으면서 부드럽게 스며드는 맛은 일품이다. 바나나 푸딩도 빼놓을 수 없다. 신선한 바나나가 씹히는 식감이 남다른 바나나 푸딩은 입 안에서 진한 바닐라 향이 오래도록 머문다. 사이즈는 세 종류가 준비돼 있다.

우리가 여행에서 맛있는 빵과 과자를
포기하지 못하는 이유는
삶을 더욱 풍요롭고 달콤하게 만드는
소소한 즐거움 때문이 아닐까…

# 과일로 과감해지다

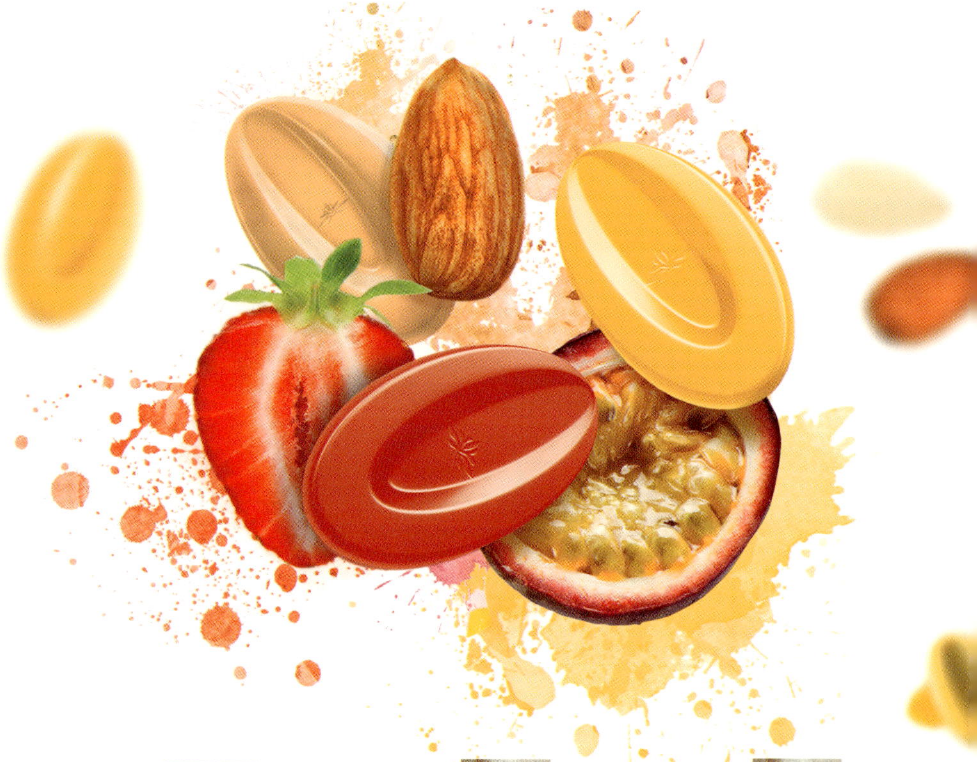

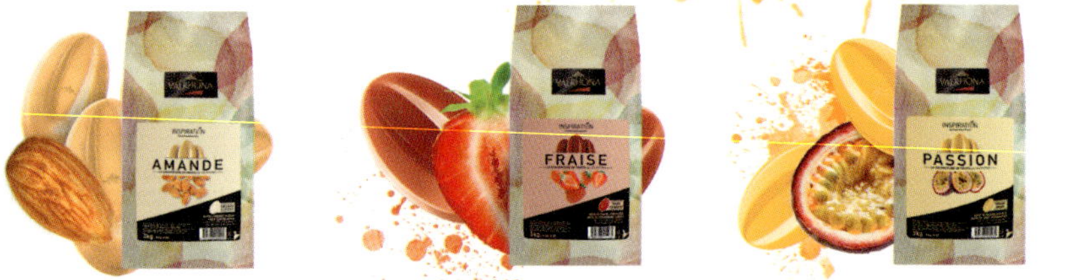

아몬드 인스피레이션　　　딸기 인스피레이션　　　패션프루츠 인스피레이션

 **Bake Plus** (주)베이크플러스　경기도 하남시 덕풍북로 109 연수빌딩 5층　TEL : 031-793-0330　FAX : 031-794-3958　www.bakeplus.com